利他・ケア・傷の倫理学

「私」を生き直すための哲学

近内悠太

犀の教室
Liberal Arts Lab
晶文社

デザイン　アジール（佐藤直樹＋権藤桃香）

まえがき――独りよがりな善意の空回りという問題

どうして僕らは時に、喜ばれないプレゼントを贈ってしまうのでしょうか？

プレゼントは嬉しいもの、良いものというイメージがあると思いますが、僕らの日常を考えると、貰って嬉しいプレゼントよりも、貰うと困ってしまうプレゼントのほうがもしかしたら多いと言えるかもしれません。だから最近では、こちらが事前に選んだ具体的なモノを渡すのではなく、相手が好きなものと交換できるギフト券やカタログギフトが贈答品として好まれる傾向にあるのでしょう。

私が選んだモノはあなたにとって要らないもの、貰ってしまうと困るものかもしれない。

そんな懸念が払拭できないわけです。

あるいは、友人の悩み相談を聴くときも同じようなことが起こるように思えます。ある悩みを持ちかけられる。その悩みに対して、「みんなそんなもんだよ、大したことないじゃん？」と慰めるつもりで、心配ないよと励ますつもりで言ったとする。しかし、そんなやさしさとしての言葉がなぜかその人をより悩ませ、時に傷つけることになる場面がある。

なぜ、あなたの善意は空回りするのか？

なぜ、僕らの「与えたい」という思いはいつも滑稽な一人相撲になってしまうのか？

どうして他者にやさしさを上手に手渡すことができないのか？

しかし、例えば、アンパンマンは他者へのケアあるいは利他に成功しているように見えます。アンパンマンは周囲の者たちに「僕の顔をお食べ」と言いながら、自身の身体であるパンを差し出します（そして、バイキンマンの良からぬ企てから皆を守ったりもします）。

僕らはケア、利他に失敗するのに、なぜアンパンマンは成功するのか。

それは「空腹」という共通の基盤があるからです。

空腹あるいは飢えというのは、全ての人間、全ての動物に共通の生存課題です。一見、あまりにも当たり前のことを指摘しているように見えるかもしれませんが、そうではありません。現代における、相互の関わり合いの中で、そういった共通の基盤が果たしてどれくらいあるでしょうか。

どういうことか？

現代は「多様性の時代」と言われたりします。多様性とは共通性（あるいは単一性）の反対の概念です。育ってきた環境も違うし、好みも違う。また、こうすれば幸福になれるといった、学歴や就職あるいは結婚に関する大きな物語もなくなってしまい、一人ひとりがそれぞれの物語を生きている時代（あるいはそのように生きなければならない時代）でもあります。

　そして何より、これまでの人生の中で負ってきた個人としての歴史が違っています。幼少期の生育環境、学校での出来事、挫折の経験、恋愛における失敗、大切な人との別離、そういった悲哀や恥や罪悪感という「傷」の形と種類が違っているのです。そんな傷の履歴は身体的外傷ほどパッと見て分かるというものではありません。ここに、やさしさがすれ違う理由があるのではないでしょうか。

　アンパンマンがやさしいヒーローであることが可能なのは、そこに空腹という僕らに共通の身体性があるからです。身体という、共通した「大切なもの」が存在しているからです。

　アンパンマンは、そんな身体という私の大切にしているものを、共に大切にしようとしてくれる。

　だとすれば、多様性とは、一人ひとりの「大切にしているもの」の複数性の別名と言えます。

　だからこそ、私がいいと思ったプレゼント（大切にしているもの）が、その人にとってはそうでない、という事態が起こるのです。かつて皆が貧しかった時代の環境では、食料を手渡すことはケアであり、利他だった。なぜなら、食料はあなたと私のあいだで、共通の大切なものだったからです。共通であったからこそ、ケアと利他はすれ違うことなく、うまく機能していた。それに対し、現代では、共通の基盤、共通した「大切にしているもの」がどれくらいあるでしょうか。

また、多様性の時代とはそれぞれの立場が尊重される時代とも言えるでしょう。だとすると、ここにはある含意があります。人はそれぞれ立場が異なっている、という前提です。

そしてある一人の主体においても、さまざまな立場を同時に、かつ複数担っているということでもあります。役職やポジションという仕事上の立場、母あるいは父という家庭での役割、プライベートの趣味の集まりでのキャラクターなど、一人の主体が、複数の役回りを演じている、複雑な劇のようなものです。だからこそ、ある判断や決断が、組織人としては正解だが、道徳規範に照らした時にはグレーになる、あるいはその逆といった矛盾から生まれる葛藤があるのです。

僕らはしばしば、劇を間違える。

場面と役回りを勘違いし、語り出すべきセリフを間違える。

良かれと思って差し出したものが、ケアするつもりで伝えた言葉が、時としてその人を傷つける。

しかしそれと同時に、僕らは劇を変えることもできる。劇を演じ直すことができる。

例えば漫画『ONE PIECE』のあるエピソードにそれが描かれています（『ONE PIECE』第3巻）。

ある無人島を訪れた主人公ルフィとナミは、その島で独りで生活しているガイモンという（元）海賊と出会う。ガイモンは20年前、仲間とともに宝の地図を手がかりに、この島に上陸した海賊だった。探索の結果、ガイモンは崖の上にある宝箱をついに発見した。しかしその瞬間、手を滑らせて落下し、崖下にあった空っぽの宝箱の中に落ちてはまってしまい、そこで気を失っていた。ガイモンの意識が戻った時には仲間たちはすでに出航してしまっていて、それ以来20年ものあいだ、独りで暮らし、かつて目にした崖の上の宝箱を開ける日を夢見ていた（ガイモンは宝箱からもはや抜け出せず、崖を自力では登れない）。

未練があり、諦めきれない、あれはおれのものだ、とガイモンはルフィたちに語る。財宝に関するそんな顛末を聞かされたルフィは「うん!!　間違いねぇ!!　そりゃおっさんのだ」と言い、ガイモンに代わって宝箱を取って来てあげるために崖を登る。そして、宝箱はたしかにそこにあった。「ここへ落としてくれ」と頼むガイモンに対して、ルフィはほんの少しだけ微妙な表情をしながら唐突に、「いやだ」と答える。ガイモンに宝を渡さないというのだ。

「冗談やめて早く落としなさいよ‼　それ全部‼」と怒鳴るナミに対し、ガイモンはなぜか「いいんだ‼　もういい！　渡したくないんなら‼」と答えた。そして、崖の上のルフィに向けて「…お前は…いいヤツだなぁ…！！！」とつぶやくのだった。

泣きながらガイモンはあることを悟る。というよりも、ずっと前からその可能性を薄々感じていた。

「ないんだろう　中身が…」

全部からっぽだった。地図に書かれた財宝は、ガイモンがこの島に到着するよりも前に、すでに誰かに奪われていたのだった。20年ものあいだ夢見ていた財宝は、ただの空箱だった――。

さて、ルフィは何をしようとしたのでしょうか。

ルフィは、芝居を打ったのです。現実としてそこにあったのは「空っぽの宝箱」でしたが、それをルフィは自分がガイモンから奪うことによって、実在した「財宝」だったことにしようとしたのです。財宝は確かにあったのだが目前で別の海賊に奪われた、そんな劇のプロットに書き換えようとしたのです。

「ガイモン、お前の20年間は何も間違っていない。その夢は、何も間違っていない」と語りかけるかのように。目の前にいる他者の大切にしているものを、共に大切にするために、ルフィは芝居を打った。自分がガイモンから恨まれる可能性が多分にあるにもかかわらず。ここに「ケア」の原型があります。本書では、ケアを次のように定義します。

　ケアとは、その他者の大切にしているものを共に大切にする営為全体のこと。

　したがって、この定義を採用すれば、ガイモンを前にしたルフィはケアの人なのです。ガイモンをケアするために、ガイモンが20年間見続けてきた大切な夢を共に大切にするために、ルフィは思わず芝居を打ち、嘘をついた。

　このケアの定義から先ほど書いた「良かれと思って差し出したものが、ケアするつもりで伝えた言葉が、時としてその人を傷つける」ということの内実がわかります。これはつまり、その人にとっての大切にしているものを見誤ったということです。

　だからここから導けるのは、ケアするためには、その他者が大切にしているものを把握する必要がある、ということです。

　さて、ケア概念と並んで本書で検討したいのは利他という概念です。ここではその定義だけですが紹介しておきたいと思います。利他概念をまずは次のように定義します

（議論が進むにつれて、利他概念の方は少しずつアップデートされていきます）。

利他とは、自分の大切にしているものよりも、その他者の大切にしているものの方を優先すること。

本書でのケア概念、利他概念にはどちらにも「大切にしている」というキーワードが含まれています。

しかし、「大切なものは目に見えない」と言われたりもします。だとすると、一見、ケアも利他も不可能に思えてきます。だって、ケアはその相手の「大切にしているもの」に寄り添うことであるのだが、肝心なその「大切にしているもの」が目には見えないのだから、どこから手をつければいいのか分からなくなるように思えるからです。

そして、では大切なものはどこにあるのか？ と問えば、それはその人の心の中あるいは記憶の中という、外部の人間からはアクセスできない「箱」の中に入っている、というのが僕らの常識的描像と言えるでしょう。その証拠に、「言葉にしないと思いは伝わらない」というような言説が語られたりします。あるいは「言葉にできない」と言ったりもします。それはすなわち、心の中に思いはあるのだが、それは言葉による「不完全な翻訳」を通じてしか、外部化・公共化されないという信念の裏返しです。

ですが、これは本当なのでしょうか？

大切なものは目に見えないという前提から、本当に、他者の心に触れる、他者の心を知るという道は閉ざされているという結論が論理的に導かれるのか？

むしろ、僕らが素朴に抱いている「心という描像」あるいは「心のイメージ」のほうが間違っているという可能性を検討することもできるはずです。この本では哲学者ウィトゲンシュタインが提示した議論、比喩、アナロジーを援用してその方向性を語っていきます。

最後に確認しておきたいのは、本書で取り組む問題は、なぜ僕らは見返りを求めず何かを差し出すという贈与ができないのか、ではありません。そして、どうすれば利他とケアのモチベーションを人々が持つことができるのか、あるいは、どのようなインセンティブ（報酬）とサンクション（制裁）を設計すれば人々に「やさしい人」が増え、「やさしい社会」になるか、という利益誘導に関する問いでもありません。

そうではなく、僕らの善意の空転はそもそも防ぐことができるのか？　そして防ぐことができるとすればそれはどのようにしてか？　というものです。

そして、利他を哲学していった先に、「利他とは相手を変えようとするのではなく、自分が変わること」という主張へと辿り着き、そこから「セルフケア」の構造が取り出されます。

やさしさの一人相撲から、二人相撲へ。

あなたと私が関わることで、私自身が変容する。私自身が救われることになる。

そんな理路を、一緒に進んでいってもらえたら。

利他・ケア・傷の倫理学　目次

第2章 利他とケア

第5章 大切なものは「箱の中」には入っていない

第8章 有機体と、傷という運命

第1章

多様性の時代におけるケアの必然性

僕らが生きづらい理由

なぜ僕らはこれほどまでに生きづらいのだろうか？

ひとは日々、人間関係に悩み、自身の健康を気に病み、将来に対する漠然とした不安を抱え、過去の恋愛や性に関する傷を抱えています。

「猫になりたい」とか「鳥になりたい」と思ったことはないでしょうか？

ふと、すやすや眠る猫を見たりすると、「猫になりたい」と思ったりするのは、猫が僕らの持っているような人間的な悩みや不安と無縁に見えるからでしょう。

ここに謎があります。

なぜ、人類はこれほどまでに生存に関する問題を抱えているのでしょうか？

あらゆる生物は環境に「適応」し、進化してきたといいます。

現代を生きる僕らは、かつての過酷な環境においても淘汰されず、生き延びてきたサピエンスたちの末裔のはずです。

猫よりも高等で社会的な能力を持つはずのサピエンス。にもかかわらず、なぜ僕らは悩みと不安を携えながら生きてゆかなければならないのか。

簡単に言えば、なぜ僕らは猫になれないのか？

なぜ進化のプロセスを経てなお、僕らは猫のような安寧の獲得に失敗し続けているのか?

僕らサピエンスという種はこの環境に適応していないように見える。精神と社会とのミスマッチがあるように思えます。

もし、この身体、脳が現代社会というシステムに適応的であったとしたら、たとえば僕らはわざわざGoogleカレンダーに予定を書き込んだりする必要などないはずです。僕らはしばしば、忘れてはいけない予定を忘れてしまう。それが重大な仕事の予定であったり、大切であるはずの家族との予定であったりしたら、文字通り死活問題となります。社会的な生存を危うくする失策です(少なくとも肩身が狭くなるはずです)。

死活問題であるにもかかわらず僕らの脳は、そんな予定を意識の外におき、僕らに予定をすっぽかさせる。ということは、現代社会の生活様式は脳のデフォルトの記憶容量を上回っていることになります。死活問題であるにもかかわらず、僕らは予定を忘れてしまう。だからこそ、数週間後の予定ですら、Googleカレンダーに記入し、記憶を外部化させたりするのです。

あるいはSNS。

SNSは単なるテキストデータ、画像データの蓄積のはずです。ですが、ひとはSN

Sに疲れてしまう。それはSNSが承認と嫉妬が交錯する欲望の場となっているからでしょう。そこでは、人々は「私」という美術館を作り上げています。「私」の経験という履歴の中から、他者に見せたいもの、見せられるものだけを丁寧に選別し、ガラスケースに入れた美術品のように展示しています。そして、その展示を見たひとは、自分の持っている美術品と価値を比べてしまう。私が努力して集めた絵画より価値のある絵画があったと嫉妬し、彼女の彫像よりも私の収蔵している作品の方が美しいと自己正当化する。

かくして僕らは他者からの眼差し、そして他者への眼差しに疲れ果てる。

なぜこのようなことが起こるのか?

その理由はこうです。

僕らの脳と身体、精神は現代社会という「環境」に適した形ではデザインされていないから――。

脳・身体・精神と環境のミスマッチ

僕らの脳と身体と精神は、現代のこのような社会生活を想定して作られていない。

精神科医アンデシュ・ハンセンのベストセラー『スマホ脳』に次のような思考実験があります。10万年前サバンナに生きていた2人の女性を登場させます。カーリンとマリアの2人。カーリンは高カロリーの甘い果実が実る木の前へやってくると、1個だけ食べて満足する。次の日また食べようとその木の前へやってくるが、他の誰かが全部食べてしまっていた。一方、マリアは甘味を認識する遺伝子に突然変異が起き、甘い果実を食べると脳内でドーパミンが大量に分泌される。ドーパミンの効果によって、マリアは目の前の木の実を全部食べたいという強い欲求を持つことになる。それゆえ彼女はその甘い実を食べられるだけ食べてからその場を去る。翌日、また食べたくなって木の下へやってきたが、カーリンの時と同様にもう木の実は残ってはいなかった。

生き延びる確率が高いのはマリアだということは、わけなく推測できるだろう。消費しきれないカロリーは脂肪として腹部に蓄積され、食べられる物が見つからないときにその人を餓死から守ってくれる。そうすると、子を産み遺伝子を残す可能性が上がる。このカロリー欲求は遺伝子のせいなので、その特質は次の世代にも受け継がれ、その世代も生き延びて子を産むことが容易になる。そこに、環境における要因も関わってくる。強いカロリー欲求を持った子供が徐々に増え、生き延びる可能性が高くなる。何千年か経つ頃には、カロリーへの欲求はゆっくりと確実に、その人たちの間で一般的な性質になっていく。

（アンデシュ・ハンセン『スマホ脳』29 - 30頁）

そして、ハンセンは今度はカーリンとマリアの2人を現代社会に登場させる。カーリンはマクドナルドでハンバーガー1個を食べ、それで満足し、店を出ていく。それに対し、マリアはハンバーガーだけでなく、サイドメニューも飲み物もデザートも全て注文し、それを平らげてからようやく店を後にする。次の日も、ドーパミンに導かれて、同じ店にやってきたマリアは、前日と同じように大量の食料を摂取することになる。

数カ月経つと、暴食がマリアの身体を蝕み始める。余分な体重が何キロも増えただけでなく、2型糖尿病も発症した。彼女の身体は著しく高い血糖値に耐えられなくなっている。これでカーリンとマリアは立場が逆になった。サバンナでは生き延びるのを助けてくれたカロリー欲求だが、現代社会には適していない。人類の歴史の99・9％の期間、私たちの生存を維持してきた生物的なメカニズムが、突如として益よりも害を引き起こすようになったのだ。

（同書、30頁）

さて、ここで鍵になるのは「進化的適応環境 environment of evolutionary adaptation, EEA」という概念です。EEAとは、われわれヒト固有の適応が進化した舞台であった環境のことです。先の例で言えば、カーリンとマリアが元々いた10万年前のサバンナなどの環境のことです。進化生物学、進化心理学において、論者や文献によって揺れはありますが、サピエンスのEEAは具体的には数百万年前〜数万年前までの環境を指します。少なく見積もっても、1万年前までの環境がEEAと呼ばれる環境です。

お分かりでしょうか。

僕らの身体も精神も、現代の社会環境に適応していないのです。

僕らの身体と精神は、いまだに数万年前の環境にフィットしたまま今日に至っている。

ミスマッチ——。

進化の歴史の中で獲得した身体的特徴および心的特徴と、現代社会という環境のミスマッチが起こっているのです。その一つの事例が、先のマリアが置かれた状態でした。何を「美味しいと感じる」のかも、何を「いい匂いと感じる」のかも、かつてのサバンナではそのような遺伝的性質を持った個体の方が生き延びやすかったがゆえに（そして生存の結果、遺伝子を次世代に繋ぐことに成功したがゆえに）、獲得されてきたのです。飢餓が身近であった数万年前までの環境では、糖質と塩分と脂質に対する強い嗜好が適応的だったわけです。言い換えれば、数万年前の環境において僕らを生かしてくれていたさまざまな形質の名残りを、現在も持ってしまっているということなのです。

不合理なまでに髪にこだわるのはなぜ？

進化的適応環境においては合理的だったものが、現代においては必ずしも合理的でない、もう一つの例を挙げます。

なぜひとは、不合理なまでに髪にこだわるのか？　なぜ髪型が思った通りにならなかったくらいのことであれほどまでに落ち込み、逆に好みの髪型やイメージ通りの髪型にカットしてもらえた時には気分が良くなるのか？

ポルトガル語に「カフネ cafuné」という語があります。これは「愛しい人の髪に指を通す仕草」の意です。文化圏も異なりますし、そもそもポルトガル語を話さない僕らでも、この語が親愛を込めた美しい表現であることは分かるはずです。大切な人の髪に触れ、髪に指を通し、瞳を見つめる。友人という関係よりも深い、恋人同士や小さな我が子に対する仕草です。

なぜそのような、他者との関係性において決定的と思われる場面で、頭部にある単なるタンパク質の束が重要な役回りを担うのか。なぜ、僕らの精神は、約十万本あるタンパク質の束を愛おしく思うのか？　タンパク質の塊がなぜロマンティックな文脈を引き受けるのか？

進化論的な仮説、理由はこうです。

ＥＥＡにおいて、サピエンスたちは潜在的な配偶者、すなわち恋愛のパートナーが若く、なおかつ健康であるか否かを髪質というシグナルによって把握していたから――。

男女を問わず、健康な人の髪はつやつやしている。病弱な人の髪にはつやがない。病気にかかると、体は手もとにある、あらゆる栄養素（鉄分、タンパク質など）を病原体との闘いに動員しようとする。髪は（たとえば、骨髄などと比べて）生存に不可欠なものではないので、体は真っ先に髪から必要な栄養をとる。このため、健康かどうかは真っ先に髪の状態にあらわれる。

さらに、髪は一年で一五センチくらいのペースでゆっくり伸びる。ということは、背中まで垂れた髪（六〇センチくらいの長さ）には、過去四年間の健康状態があらわれることになる。

（アラン・S・ミラー、サトシ・カナザワ『進化心理学から考えるホモサピエンス』74頁）

よくよく考えてみれば、進化的適応環境では、相手の年齢どころか自分の年齢もよくわかっていませんから。そもそも暦がまだありませんから。当然、病院も健康診断もありませんから、本人に自覚的な症状以外の身体的状態を把握するために、髪によるシグナルを利用した、という仮説は確かに筋が通ります。そして、そうだとすれば、かつてのEEAの名残りとして、特に思春期において、急に髪型を気にし始め、髪を手入れし始め、毎朝ただ学校にいくだけにもかかわらず、髪型を整えるようになる若いサピエンスの奇習も納得できるものになります。

現代の僕らは、数万年前の進化的適応環境EEAでの、有形無形の名残りを携えてしまっている。そして、その身体的、心理的特徴は現代の環境では必ずしも合理的な効果を生じさせない。むしろ、先のマリアのように、不適応を起こしかねない。

進化のプロセスは数万年単位

さて、一つ疑問に思ったかもしれません。

なぜＥＥＡは現代まで延長されておらず、長くとも現在から1万年前までとなっているのか、と。

ポイントは、進化の速度です。

１０００世代。

身体のある解剖学的構造や形質、つまり身体的あるいは心理的・認知的特徴を、人為的でない形の通常の自然選択によって、その種全体が獲得するまでに、何世代くらい必要かというと、１０００世代程度という見積もりがあります（クリストファー・ボーム『モラルの起源』２００頁）。あるキリンの個体が突然変異でその首が長くなってから、キリンという種全体の首が長くなるまで少なくとも１０００世代かかり、ビーバーがダムを作れるようになるまでも１０００世代かかるということです。

再び『スマホ脳』からの引用です。

ある雌クマの卵子に突然変異という偶発的な変化が起きた。毛皮の色を司る遺伝子が、白い毛皮になるよう変化したのだ。白い毛皮を持って生まれた仔グマは、他のクマよりもアザラシに近づくのが得意だった。食料を得やすいと生き延びる可能性が高くなり、やがて子孫を残す。その子もまた白い毛皮を持ち、やはり生き延びて子孫を残す確率が高くなる。進化というのは、そんな具合に続いていくのだ。茶色い毛皮のクマは生存競争に負け、1万年から10万年ほどかけてアラスカのクマはみんな白い毛皮になり、あまりにも白いのでシロクマと呼ばれるようになった。

生き延びて子孫を増やす確率を高められる特性、それがさらに受け継がれ、当たり前の存在になるには長い時間がかかる。こうやって植物や動物は、私たち人類も含め、環境に適応してきた。白い毛皮のクマを生み出すというのは、進化が大仕事をしたみたいに聞こえるが、まさにそのとおり。種に大きな変化が起こるには、長い時間——本当に長い年月がかかる。

（アンデシュ・ハンセン『スマホ脳』27 - 28頁）


茶色の毛皮だったクマがシロクマになるまでに、1万年から10万年。クマは生後3〜5年で生殖可能となる種なので、仮に1万年だとすると、2000世代ほどかかったということです。

さて、では、僕らサピエンスがこの現代のさまざまなテクノロジーと多様性に囲まれた都市環境に適応するまでに、どれくらいかかるでしょうか。たとえば、Googleカレンダーなしに生活できるほど記憶容量が増えるようになるには？　SNSに適応的な精神構造を獲得するまでには？　健康上適切な食欲を持つようになるには？

サピエンスの1世代を仮に25年とすると、25年×1000世代＝2万5000年（ちなみに英語でgenerationは30年のことです。そうだとすると3万年かかります）。

どれほど少なく見積もっても、1万年はかかるのです（そして、そのような形質をもった個体が生存と繁殖において、他の個体群より優位でなければ、進化のメカニズムは発動しません）。そして、農耕が始まったとされるのがだいたい1万年前です。つまり、僕らの生活環境が都市化していき、共同体の規模が大きくなり、分業を前提とした社会すなわち文明と呼ばれるものの中で暮らすようになってからまだ数千年です。これまで述べてきた「環境」というのはそういったものを指しています。

言い換えれば、僕らの身体、脳、精神は数万年前の環境を生き延びるために獲得された状態のままなのです。なぜなら、数百年、数千年スパンでは進化する余地がないからです。

数百万年前から数万年前までの自然環境。

僕らの心はそこで生まれた。

生存の危険に満ちたサバンナで、僕らの心は生まれた。

その心理的傾向、認知的特徴が現代では「認知的バイアス」と呼ばれます。例えば、「みんな」や「いつも」という表現を僕らが思わず使ってしまうのは、「3人」、「3

回」です（池谷裕二『自分では気づかない、ココロの盲点　完全版』）。「私の友達はみんな喫煙者だ」とか「君はいつも眠たそうだね」と一般化するのに必要な目撃回数は3回だといいます。現代においては、そのようなたった三つのサンプルを元にした、「みんな」「いつも」とすべてがそうであるという認知は確かに偏見であり、思い込みにすぎません。ですが、数万年前のサバンナではたとえば仲間がある色のヘビに噛まれて亡くなったとしたら、科学的な観察や実験をすることなく、3回程度観測した時点で「この色のヘビは危険である」と思い込む個体の方が適応的でしょう。つまり、都市環境では偏見、思い込みになってしまう認知的バイアスも、かつての危険に満ちた環境では僕らを生かしてくれたのです。認知的バイアスは、まさに、太古的な環境では適応的だったが、現代的な都市生活においては不適応となる最たる例です。

農耕がはじまってからのたった1万年のあいだに、サピエンスたちは遠くまで歩いてしまった。ＥＥＡでは適応的だったさまざまな行動パターン、認知の枠組み、心のメカニズムが不適応な形質となってしまったのです。僕らが進化するよりも早く、制度とテクノロジーが進歩してしまうから。

環境とのミスマッチ。

それゆえ、僕らの心はバグを抱え込むことになった。というよりも、サピエンスという存在自体が、進化というメカニズムにとってバグなのです。環境に適応できない、出来損ないの種。傷を抱えた動物。

生物学者のエドワード・O・ウィルソンは人間という存在を次のように端的に表現しています。

われわれは、石器時代からの感情と、中世からの社会システムと、神のごときテクノロジーをもつ
（エドワード・O・ウィルソン『人類はどこから来て、どこへ行くのか』2頁）

見事な要約だと思います。

身体と心、制度やシステム、そしてテクノロジー。

この三つが見事にズレている。それぞれがもつ、生理的時間、進展のタイムスパンがあまりにもちぐはぐなのです。

身体と心：数万年（数千世代）
制度、社会システム：数百年（数十世代）

テクノロジー：十年〜数年（一世代！）

数年単位で進歩するテクノロジーに促され、数百年かけて社会システムは変化する。僕らの精神を置いてけぼりにしながら。

料理とは消化器系の外部化

医学的進歩を含む「テクノロジー」と、政治体制や経済システムを包含する「制度」を総括すると「文明」と呼べると思います。そして、より広義には「文化」となります。『進化と人間行動』（長谷川寿一、長谷川眞理子、大槻久）の中ではこう定義されています。文化とは「遺伝情報による伝達以外の方法で、集団中のある個体から他の個体へと伝達される情報のすべて」（305頁）である、と。

遺伝抜きの発展。進化によらない、身体の外における伝達。

つまり、サピエンスとは、他の動物であれば適応進化によって獲得するしかなかった形質を外部化することによって、環境自体を変更してしまう種なのです。先ほど、サピエンスが進化におけるバグだと言ったのは、この性質ゆえです。サピエンスは身体ではなく、環境（＝都市における制度・システム・テクノロジー）の側を変えてしまうという、進化のプロセスを裏切る種なのです。

そんな外部化の最たる例が、料理cookというテクノロジーでした。

リチャード・ランガム『火の賜物』によると、火の使用による「加熱」という行為は、サピエンスの消化能力を著しく向上させました。温かいものを食べたり飲んだりするとホッとしたり、柔らかいものを美味しいと感じたりするのは、「加熱したものは消化しやすい」ということの言い換えなのです。サピエンス以外の霊長類は、食物摂取に1日のほとんどの時間を費やします。咀嚼にも時間がかかり、さらに消化にはもっと時間がかかります。それゆえ、人間よりもずっと忙しいのです。

人間は料理によって、胃や小腸、大腸といった消化器系（＝身体）を外部化することになったのです。

技術、道具による身体の外部化。

そして、サピエンスはそれを進化プロセスというあまりにも時間のかかる工程を経ることなく成し遂げてしまうのです。その結果、僕らは加熱していない生の食材では満足に栄養とエネルギーを吸収することができなくなりました。加熱抜きで食物を消化するには、僕らの消化器系（および口や顎の大きさも）は今ではもうあまりにも小さすぎるのです。

かくして、文化は身体（適応進化）のスピードを凌駕する。

サピエンスが火の使用、料理によって、何を獲得したかというと、時間です。消化プロセスを身体内部から、料理という外部に託したことによって、暇になったのです。文化は暇から生まれます。暇がなければ、生存に直結した物以外を生み出す余裕がありません。しかも、本来であれば、摂取したエネルギーの一部を消化器系を動かすエネルギーへと回さなければなりませんが、サピエンスはそれを外部化したことにより、余剰エネルギーを脳に回すことに成功しました（脳は重さが体重の2・5％しかないにもかかわらず、基礎代謝の20％を占める、燃費の悪い臓器です。cf.ランガム、109-110頁）。そんな脳が、生存のための更なる制度とテクノロジーを生み出すようになった。

僕らの心を置いてけぼりにして。

かくして、僕らは進化的適応環境ＥＥＡという「楽園」から自分自身を追い出してしまいました。追い出されたのではありません。僕らは自分たちの手で、自らをＥＥＡから追い払いました。

かつて僕らの身体、脳、心は太古の環境と調和していた。

だが、大きくなった脳は、暇という時間的余裕を味方につけて、文明を、文化を作ってしまった。そして、その文明は生存は保障してくれるが、「生きているという心地」「生まれてきたことの意味と実感」までは与えてくれなかった。

これが僕らが生きづらさを抱えていることの顚末です。それは、もはやサピエンスという種の運命と言えます（ちなみに腰痛と肩こりも、二足歩行に適していない骨格のまま生活せざるを得ない僕らの運命です）。

では、なぜ僕らは絶滅せずに今も生き延びているのか？

環境に適応することができなくなった種の運命は、絶滅と決まっているはずです。僕らはなぜかいまだに絶滅していない。答えはこうです。

進化のプロセス、すなわち環境の変化とそれに応じた適応進化のメカニズムから外れた僕らの心は、互いに助け合い、互いにケアするようになった——。

言い換えれば、ケア抜きには生きてゆけなくなった種なのです。

ケアと利他。

それによって、かろうじて生存し、そして、生きている心地と実感を得るようになった。

ではケアそして利他とは何か？

まずここでは利他という言葉の輪郭、言ってみれば利他概念の一次近似を確認してみたいと思います。

利他とは何か？

利他という語は、あまり聞き馴染みのない言葉かもしれません。しかし、利他の対となる概念の「利己」あるいは「利己的」なら、日常でも使用する言葉だと思います。「あの人は利己的だ」と聞けば、その意味するところは、他者の気持ちや利益を考えることなく、自分にとっての損得や利害を中心にして勘案する人なのだな、と思えるでしょう。利己的とは、端的に言えば、ズル賢い人、とも言えます。つまり、「利己的」とは、相手のことを考えずに、自分のことだけ考え、自己利益を優先させる振る舞いに対する形容詞だと言えます。

そうであれば、「利他」あるいは「利他的」という概念は、これを裏返してみれば、その一次近似としての意味が取り出せそうに思えます。

利他とは、相手のことを考えて、助けたり、その相手のために何かをしたり、何かを与えたりすること、と。

あるいは、そこに「自分の利益を犠牲にしてまで」という条件を付け加えた方が適切かもしれません。つまり、自己利益の追求をわざわざ放棄してまで、他者のために尽力すること。これが利他である、と。

この点において、進化生物学では「適応度」という指標があります。適応度とは、自然選択に対する個体の有利さの度合いを示す指標で、自身の遺伝子を次世代にどれくらい残すことができるのか、というものです。したがって、進化論の文脈で言えば、利他的行動は次のように言い換えることができます。

利他とは「自らの適応度を下げてまで他の個体の適応度を上げる行動」である、と。「生き延びること」と「自らを増やすこと」。この二つの要素の掛け算が適応度であり、自身の生存機会と増殖の機会を放棄して、他の個体のそれを向上させることが利他的行動とされています。

そして、ここに長年、進化生物学が取り組んでいるパラドクスがあります。

利他的行動は、他の個体を助けたりすることで、自らの適応度を下げ、生存確率を犠牲にするわけですが、その利他的な個体の周囲に「自分は他者からの恩恵を受けるが、自分では他者に何も与えない」という裏切り者（＝フリーライダー）がいた場合、裏切り者は多くの利益を得るのでその適応度が高まるが、利他的な個体は定義上、適応度を下げる。そのような個体差がある状況で、自然選択が繰り返されていけば、利己的なフリーライダーはどんどん増えていくが、利他的な個体は淘汰されることになるはずです。しかし、そんなメカニズムがあるにもかかわらず、なぜか、ヒトという種は、血縁関係にない他者（遺伝的関係性を持たない者）にまで、利他的な振る舞いを行っています。

このようにして、進化論における「利他のパラドクス」が成立するわけです。現在までに、さまざまな仮説が提示されてきましたが、この謎を解く、決定的な議論はまだ存在していません。しかし、この問題の端緒には、進化論の端緒となったチャールズ・ダーウィンも気づいていました。ダーウィンは、人間に備わった良心や道徳がどのようにして、自然選択というメカニズムの中から発生したのかを考えました。

ヒトだけが恥で赤面する

ダーウィンは「道徳感情に関するすべての疑問の重要な要となっている点」と表現し、次のように問いを立てました。

> 人間はなぜ、自己保存の強い欲求に屈して仲間を助けるために身を危険にさらさなかったとき、苦い後悔の念を感じるのだろうか？　また、人間はなぜ、飢餓ゆえ

に食物を盗んだときにも後悔するのだろうか？

（チャールズ・ダーウィン『人間の由来（上）』116頁）

僕らは、人間とそれ以外の動物を分ける基準は、知的能力の差にあると考えることが多いかもしれませんが、ダーウィンはそれは程度の差でしかなく、質的な差異があるわけではない、と指摘し、「道徳感情はおそらく、人間と下等動物とを分ける最良で最大の違いである」と述べています。

また、後悔についてのコメントと合わせて、ダーウィンの進化心理学的な考察で興味深いのは、ダーウィンが「恥」という感情について調査したものです。

ダーウィンは、恥の感情から赤面するのはヒトだけであり、赤面という表現型はある特定の人種に限定されるものではなく、地球上あまねく存在しているという事実を知りました。科学的結論を出す際に慎重であったダーウィンは、当時世界中に散らばっていた、植民地の行政官や宣教師たちに手紙を出し、ヨーロッパ以外の地域の民族も恥ずかしさで顔を赤らめるかどうかを尋ねたのです。その結果、羞恥ゆえの赤面という現象が、一部のグループにおける、文化的に導かれたものではなく、強い遺伝的要素をもち、生得的な基礎があるに違いないと推定することができたというわけです。

ダーウィンは次のように看破します。

> 赤面はあらゆる表情中最も特異にしてかつ最も人間的である。猿は激情のために赤くなるが、いかなる動物でも赤面することができるということを我々に信ぜしめるには無数の証拠を必要とする。（…）我々は皮膚をくすぐることによって音笑を、打撃によって泣涕または顰蹙《ひんしゅく》を、苦痛の恐怖から戦慄を生ぜしめるなどが可能であるが、（…）いかなる物理的手段すなわち身体に対するいかなる作用によるも赤面を生ぜしめることはできない。
>
> （ダーウィン『人及び動物の表情について』360頁、強調引用者）

後悔と恥。あるいは、罪悪感と恥。僕らに元々インストールされている感情の基礎がある、ということです。

ルールからの逸脱

さて、この二つの感情は、どういったときに発動するでしょうか？

僕らは、どういった文脈において、罪悪感あるいは恥を感じるか？

それは、「ルールからの逸脱」の場面です。

「ルール」とは、「こうあるべきである」や「〜すべきである」「〜でなければならない」という語尾を有するものの総称です。少し硬い表現でいえばこれを規範性といいます。しかも、ヒトはその規範性を内面化することに成功した地球上唯一の種、ということができます。他者や共同体からの強い制裁がなくとも、僕らは独りで罪悪感を感じたり、恥を感じたりすることが（本来的には）可能な種なのです。例えば共同体から追い出すというういわゆる村八分や、生命を奪う処刑といった外からの強い罰則がなくても、恥を感じたり、罪の意識を持つというように、内側からの罰則が先に機能すれば、先のフリーライダーの問題はある程度抑制できます。

例えば、あなたが「やさしい人になりたい」と思っていたとしたら、それは「あのとき、やさしくできなかったから」という思いがあるからではないでしょうか？　もしそうだとしたら、ここにはきっと規範性が宿っています。「あのとき、あの人にやさしくすべきだったのに、私はそれがうまくできなかった」という自責の念には、「やさしくすべき場面だった」という規範性の認識が潜んでいます。

よくよく考えてみると、自責や後悔というのは、極めて高度な認知的作業です。

なぜなら、規範性だけでなく、そこには可能性が内包されているからです。

どういうことか？

例えば、「あのとき、私はAという行為をするべきだった（あるいはすべきではなかった）」という後悔が成立するためには、まずそもそも「するべきだった（あるいはしてはならなかった）」という規範性の認識と共に、「Aを為すことができた（あるいはAをしないでいることもできた）」という可能だった事態に関する認識が必要です。

規範性に関する認識と可能性に関する認識の両輪があって初めて成立するのが、後悔という振る舞いです。この高度な認知的営みによって、僕らは社会からあまりに逸脱した行為を自ずから抑制することができるわけです。簡単に言えば、反省と学習ができるということです。

精神分析を生み出したフロイトは、そのような、私の中にいて、私（自我）を監視し、「〜すべきである」という規範性を担当する高次の私を「超自我」と呼びました。超自我は私の中に存在していて、「私のあるべき姿」すなわち「理想の私」を指示する機能の別名です。先ほどの利他に関する「フリーライダー問題」は、このような高度に内面化された超自我の機能が関与することで一定程度抑制されます。おそらく、これが僕らが超自我（内面化された道徳心、良心）を有していることの自然誌的機能だと思われます。

後悔とは、誰かのために利他を為すことができるようになった僕らに備わった高貴なる思いである。

そして、この後悔という正しい生物学的・人間的機能には思わぬ副産物があります。それは副産物である点において、自然選択という盲目の設計者が意図していない「バグ」と呼べるものです。そのバグとは「自由」という概念です。

後悔に宿る規範性と可能性は、二重の意味において、自由を発生させています。規範性においては、従わなければならない規範（ルール）を破るという「型破り」という自由があり、可能性においては、「私にはあのとき、選択する、という自由があった」という形の、遡及的に構成される自由、現在（および未来）が原因となって過去において発生するという転倒した自由がある。

ダーウィンが正しく指摘したとおり、後悔や恥という機能が僕らを、自然と一体となって本能のまま行動する「不自由な」動物、環境に適応進化するという形によって環境に縛り付けられた不自由な動物から、環境を自らの手で変化させることのできる自由な動物へと跳躍させたのです。

後悔において、僕らは人間的な自由を恢復する。

後悔が、あのとき私は自由だった、ということを示してくれる。

そして、だからこそ、自由というのは過酷なのです。

サピエンスだけができる葛藤

BUMP OF CHICKENの「メーデー」という曲に

君に嫌われた君の　沈黙が聴こえた　君の目の前に居るのに　遠くから聴こえた

というフレーズがあります。これは見事な詩的表現であり、同時に重要な哲学的指摘だと僕は思っています。

この短いフレーズには、さまざまなねじれが含まれています。ねじれ。あるいは矛盾ということもできます。

検討してみたいのは「君に嫌われた君」つまり「自分嫌い」という現象の指摘です。よくよく考えてみると、自分嫌いというのは不思議な現象です。そもそも、「嫌い」と言えるためには主体と対象という二つの存在が前提されるはずです。そして、自分嫌いの場合、その主体と対象の座に同じ「私」が代入されているのです。つまり、自分嫌いという事象において、「私」が（少なくとも）2人存在していることが含意されています。

自我の私と超自我の私。

この2者がいる。

サピエンス以外の動物にはできない芸当です。彼らは赤面しない以上、彼らの超自我を僕らは観測できません。規範と理想を担当する超自我と現実の意識としての私の間のズレがそもそも存在しないからです。それゆえ、彼らには「葛藤」が存在しない。彼らは葛藤することができない。サピエンスだけが葛藤することができる。

自我と超自我の間のズレ、ねじれ、矛盾、葛藤、揺れ動きを僕らは総称して「心」と呼ぶ。これがこの後の章で論じていくテーマとなります。だからこそ、僕には、先ほどの歌詞のフレーズが、僕らの心の正体に迫る、端的な哲学的表現に見えるのです。

そして、私はあなたの振る舞いに潜む矛盾、葛藤、揺れ動きを見ることができる。自我と超自我のあいだに立ちすくみ、どちらに転ぶこともできず宙吊りにされたあなたを見ることができる。その運動を、その2者の関係性を心と呼ぶことができるのであれば、心は隠されてはいない。

大切なものは目に見えない――。

サン＝テグジュペリは『星の王子さま』を通して、僕らにそう語りかける。

しかし、本当に目に見えないのだろうか？

いや、目に見えない、というのは正しい。

だが、目に見えないという前提から、「したがって、他者の心は分からない」という論理的結論は導けない。もし、この前件から後件を導くとしたら、それは論理ではなく、断念であり、他者とのつながりの拒絶です。つまり、恐れです。それに対して、前件を認めながらも「しかし、それでも他者の心に触れることは可能である」と語るために必要なのは、勇気です。

配慮なき利他はすれ違う

さてここから「利他」概念の内実へと向かっていきたいと思いますが、まずは一つの参考として、哲学者アランの提示した定義を紹介します。アランは、利他 alteruisme の定義として、次のように述べています。

愛他主義 altruisme

これはエゴイズムの反対である。これは他の人たち（…）のことを思う性格、彼らが何を思っているか、何を感じているか、何を希望しているか、何を欲しているか、何を欲するはずであるか、何を我慢することができないか、などを考える性格である。これは他人の位置に自分を置くことである。したがって、彼らが表明する、あるいは彼らが表明すると想定される讃嘆や非難によって強く影響される。

また、この定義の冒頭で書かれているエゴイズムについては、こう定義しています。

エゴイズム égoisme
身体の境目と結びついた思考であり、快楽を選び量るように、苦しみや病気を予見し遠ざけることに専心した思考である。もしエゴイズムが魂から、恥ずべき情感、卑怯さ、過ち、悪徳を遠ざけるために魂を監視するならば、エゴイズムは一種の徳となるだろう。しかし、エゴイズムはその用法上、意味の拡大を禁じている。

要約すれば、こうなります。
利他が可能であるのならば、それは、私という「身体の境目と結びついた思考」から遠く離れていると同時に、私の感じる快楽や効用を数量化することなく、あなたの大切にしているものを把握できるのでなければならない。

困っている他者を救うこと、あるいは、救いたい、助けたいと願うこと。一言で表せばそれらは「利他」と言い換えることができると思います。しかし、ここにはある困難が潜んでいます。他者を救うためには、その他者を理解しなければならないからです。

言い換えれば、他者を救うという意図的な行為には、他者を理解するという前段が含意されている。

たとえば、「ありがた迷惑」という言葉がありますが、これは、ある行為や振る舞いをする側の意識としては利他的な行為だと思っているのだが、それを受け取るこちらにとっては善意の押し付けとなる事象を指します。

ありがた迷惑を受けると我々は口ごもる。

うまく受け取ることも、さわやかに断ることもなかなか難しい。

そのように宙吊りにされることによって、気が重くなる。

「向けられた善意に対しては返礼をしなければならない」

この道徳が、僕らの心を緩やかに、しかし確実に拘束します。だからこそ、利他を行う側には相手に対する「配慮」が要るのです。

かくして、配慮なき利他はすれ違う。

それはたとえば、次のような寓話を考えてみると分かるかと思います。

ある日、狐が鶴を食事に誘った。狐は平たい皿に盛ったスープを出したが、鶴はくちばしが長く、スープを飲むことができなかった。平たい皿は狐にとっては飲みやすい形だったのだ。スープを飲めなかった鶴だったが、食事に招いてくれたお礼にと、今度は鶴が狐をもてなした。鶴は、口の細長い壺に肉を入れて、狐に差し出した。だが、くちばしを持たない狐はその肉を食べることができなかった。

純粋な善意だとしても、互いの身体的特徴や食事のスタイルを知ろうとしなかったがゆえに、二人はすれ違った。

互いを想う気持ちが空転し、その行為は行き違う。このズレの根本にあるのは「相手は私と似た存在である」という認識です。逆説的ですが、「私とあなたは似ている」と認識することによってすれ違い、「私とあなたは異なる存在である」と知ることによって正しくつながるための道が拓かれるのです。

あなたが大切にしているものは、私の大切にしているものと異なる。

利他はこの認識から始まります。

そしてここが、ダーウィンや進化論の議論から離れなければならない地点です。

大きな物語の失効

　進化生物学において議論される利他的行動の分析の多くは主に、チンパンジーやゴリラやボノボといった知能の高い霊長類の行動から得られた知見と、都市環境下ではない生活を送る、現代の狩猟採集民の行動を文化人類学的に分析することによって得られた知見という二つから為されてきました（もちろん、化石などの考古学、地質学的知見と整合的な形で仮説を立てるという点において、霊長類研究と文化人類学研究以外の知見も動員されてはいます）。

　なぜ、進化論的議論から離れなければならないかというと、僕らの社会が、霊長類社会よりも、狩猟採集社会よりも、ずっとずっと複雑で、自然から遠く離れてしまった文明・文化の中にあるからです。

　一言で言えば多様性です。

　文明と文化が進めば進むほど、利他は難しくなる。それは、近代的前提だけではなく、文明と文化の根本的な問題です。なぜなら、文化が発展し、複雑になればなるほど、私とあなたのあいだで、大切なものが共有されなくなってゆくからです。例えば、異教の人同士を考えてみればよりクリアーになると思います。異なる宗教体系を有している者同士がしばしば対立してしまうのは、なぜか？

それは、何を大切にしているのかが互いに共有できず、一方が大切にしているものを維持しようとすると、他方の大切にしているものを脅かしたり、毀損したりして、両立できない文脈が存在するからです。

大切にしているものに関する認識の共約不可能性。

あるいは、僕ら一人ひとりが大切にしているものの複数性。

これは、いわゆる「大きな物語の失効」と言い換えることもできます。

現代における「多様性」というのはそのようなことを指します。

それゆえ多様性の時代とは、僕らの善意が空転する時代のことなのです。

ささやかなもので言えば、多様性とは、育ってきた環境が違う、という点に求められるものたちです。そしてもちろん多様性概念の中には、性の問題も含まれています。

それはもっと現代的で、身近な例で言えば、例えば「推し」という文化。歌手やアイドル、アニメキャラ、作品に対して抱く、強い愛着のことですが、友人同士や親子間であっても、大切にしているものは異なります。

それに対して、霊長類社会やアルカイックなライフスタイルを持つ狩猟採集社会では、例えば食料や飲み水といった資源が限られているため、その主体が生きてゆく上で大切にしているものが極めて広く共有されます。あるいは、部族社会においては、その地域、その集団に根ざした同じ宗教や神話や霊性を共有しているがゆえに、「何が大切なものであるか」が一致しやすくなります。大切にしているものがきちんと少数のものに収束している社会なのです。つまり、大きな物語がきちんと機能している社会ということです。

ところが、現代の僕らはどうでしょう。

各々が「大切にしているもの」がどこまでも拡散してしまっているように思えないでしょうか?

それゆえ、ダーウィンの次の指摘は、現代的な近代社会をモデルとしたサピエンスには通用しないように見えます。

人間の道徳的性質の基本原理である社会的本能が、活発な知的能力の助けと習慣の影響を受ければ、ごく自然に、「汝が他人にしてもらいたいと思うことを、汝も他人に対してなせ」という黄金律に導く

(チャールズ・ダーウィン『人間の由来(上)』137頁)

「汝が他人にしてもらいたいと思うことを、汝も他人に対してなせ」という黄金律。これは、あなたと私のあいだで、何を大切だと思っているか、何を素晴らしいものと見な

しているか、何を醜いと感じるか、何を心地よいと感じるかを共有している場合にのみ、利他となります。この道徳律（黄金律）は、「あなたと私は似た存在である」「あなたと私は同じような存在である」という前提がなければ機能しません。

現代に生きる僕らは、大切にしているものが一人ひとりズレている。それが多様性の時代である。

この認識からしか、利他は届かないと言えるでしょう。そうでなければ、それは利他の押し付けであり、ありがた迷惑であり、正義の強制であり、時には道徳の暴走へと至るでしょう。

だとすれば、現代という多様性の時代における黄金律は、「その他者が大切にしているものを尊重する」というものになるのではないでしょうか？　そして、その私ならざるあなたが大切にしているものは、私の目には見えない。しかし、もし利他があり得るとしたら、それは次のような定義になります。

利他とは、自分の大切にしているものよりも、その他者の大切にしているものの方を優先すること、である――。

これが本書における、利他の定義となります。

ここで注意していただきたいのは、「与えたい」とか「してあげたい」というこちらの思いはここには含まれていないという点です。利他が押し付けがましいものとなるのは、他者の大切にしているものを無視して、こちらが与えたいと思っているものだけを押しつけるときです。そこからは利他は始まらない。与える側の願望が先走り、受取人を自身の善意を誇示するために利用する。

大切なものは目に見えない

さて、利他の定義まで辿り着きました。これまでの議論を踏まえれば、「大切なものは目に見えない」という事実を前提とすることが重要となってきます。そこで、この主張が正しいことを例証したいと思います。

例えば大切にしている時計。時計自体はたしかに目に見えます。ですが、その時計が「祖父が遺したもの」という、時計と祖父と私の関係性は目に見えません。

AとBそれ自体は目に見えたとしても「AとBの関係性」は目に見えない。

それはちょうど、星は見えるけれども星座が見えないのと同じです。夜空には星と星を結ぶ線は存在しない。星を結ぼうとする意志がなければ星座は存在しない。

では、その3者を結ぶ星座は何によって立ち現れるかというとその時計をめぐる「物語」においてです。そして、その物語は他者から問われ、応答するときに語られる。「この時計はさ、僕のおじいちゃんから貰った時計で、今日みたいな大切な日にはこれを着けるんだ」という言葉の中に、この物語の中に、私、時計、祖父、そして今日という大切な日、という星々が線で結ばれ、星座を成す。そして、その星座を見たものは、他者の星座を見せてもらうことのできた者は、その星座を組成する、新たな星としてその星座に加わる。なぜなら、その物語はまっすぐに、あなたに向けて語られた物語だからだ。

星を見上げ、星座を知ること。そしてそんな星座こそが心である。

その認識から利他とケアが始まる。

だとするならば、大切なものが織り成す星座は、あなたと私の〈あいだ〉にある。あなたから問われ、そして請われ、それに私が応答しようとするその〈あいだ〉に星座はその姿を顕す。

大切にしているものは、モノとしては存在していない。それは、関係性だからです。

それは、あなたと私のあいだに、言葉を通して、物語としてその輪郭が立ち現れる。

大切なものだから壊れやすい

さて、利他を（そして次の章でケアを）考える際に「大切にしているもの」というキーワードが中心的な役割を果たすことを紹介しました。ここで重要な議論をこの章の最後に述べます。

大切にしているものは見えないが、大切なものが大切にされなかったことは目に見える。

なぜなら、大切なものが大切にされなかった時、ひとは傷つくからです。

大切にしているものそのものは確かに見えないが、傷は見える。

たとえば、傷の記憶を触発するある場面に遭遇した時、ひとは思わず目を背ける。たとえばある一言に傷ついた時、僕らは次の言葉を言いよどむ。そして表情が曇る。さっきまであんなに明るかったのに、突然、今日は帰るね、と言ってしまう。あるいは、喜ぶべき状況なのに、浮かない顔をしたり、怒り出したりといったように。このような、予想外の振る舞いを目の当たりにしたとき、なんだか急に劇の場面が変わったかのように見えないでしょうか。というよりも、これまで何の問題もなく進行してきた劇そのものがまったく別の劇になってしまったように感じないでしょうか。

俗にいう、地雷を踏んだという場面です。

というよりも、地雷は踏むことができるのです。そして、地雷を踏んだ時に、傷口が露出する。埋まっていた目には見えない地雷が炸裂した時、アスファルトで固めてあった地面にヒビが入り、アスファルトの下に隠れていた大地が顔を見せる。

ここには傷があった。

そして、その傷が、かつてそこには大切なものがあったことを物語る。

「かなしい」という語は、古語では「悲しい」も「愛しい」も意味しました。

なぜ、悲しいと愛しいが繋がるのか？

それは、僕らは大切なものの喪失しか悲しむことができないからだと思います。自分にとってどうでもいいものに対して僕らは悲しむことができません。

だとすれば、大切という概念は、愛につながっている。

新明解語源辞典で「大切」と引くと、こう書いてあります。

中世末のキリシタン資料では「愛（amor）」に当たる訳語にこの「大切」を当てている。

西洋由来のいわゆる愛という概念を、当時の和語にのせようとした時、「愛」という語は適切ではなかった。だからこそ、当時の資料では、その語感として近いであろう「大切」と当てたのでしょう。

また、「可愛い」を引くと、「愛らしい様子だ。大切に守ってやりたい」と出てきます。さらに新明解国語辞典（第八版）でも「大切」を引いてみると、「使い過ぎたり、粗末に扱ったりしないように気をつける様子だ」とあります。裏を返せば、大切なものは使い過ぎたり、粗末に扱ってしまったら、壊れてしまったり、失われてしまうということです。

壊れやすいものだから大切なものになるのではありません。

大切なものだから壊れやすいのです。

これは、僕らの認知の構造なのです。

どういうことか？

今、目の前にあるものがあなたの大切なものだとします。そのとき、あなたの認知の中に、「もしこれが失われてしまったらどうしよう」という懸念や不安があるはずです。

つまり、想像の中で、その対象は何度も壊れているのです。喪失を恐れるのは、その喪失を想像するからです。かくして、大切なものは壊れやすい、となるわけです。

関係性は見えないが、傷は見える

さて、改めて強調します。

大切なものは目に見えない。

それはたしかにそうです。なぜなら、大切なものとは、その対象と主体との関係性のことだったからです。関係性それ自体は見えない。

しかし、傷は見える。傷ついた時の振る舞いは、行為の中に、言葉の中に顕れる。

では、ここでいう傷とは何か？

「傷」をこう定義したいと思います。

　大切にしているものを大切にされなかった時に起こる心の動きおよびその記憶。
　そして、大切にしているものを大切にできなかった時に起こる心の動きおよびその記憶。

前者は、私の大切にしているものが誰かによって蔑ろにされたり、軽んじられたり、無視されたりしたときに起こる傷です。つまり、他傷です。それに対し後者は、私が大切にしているものを、私自身が大切にできなかった時に生じる傷であり、自傷です。

どちらにも共通の現象として、「大切なものとの関係性の断裂」を含んでいます。ですが、前者の他傷と後者の自傷では、どちらの方がより根本的かというと、後者です。

なぜなら、どのような他傷も自傷へと変換してしまう僕らの認知メカニズムが働くからです。

たとえば、サバイバーギルトという現象があります。これは、戦争や災害などにおいて、仲間や身内は亡くなったのに自分は生き延びてしまったという状況において発生する罪悪感のことです。基本的に、戦争も災害も外部から到来する傷のはずです。にもかかわらず、「どうしてあの人は死んで、私は生き延びてしまったのか」「どうして私は一足先にそこを離れてしまったのか」と思い悩んでしまうのです。つまり、客観的に見れば、その命運を分けたのが偶然の出来事であったとしても、「私があることをしたせいで」あるいは「私があることをしなかったせいで」と自傷へと変換する心の動きがあるのです。

戦争や災害といった非日常的な出来事だけではありません。

大切な人ともう会えなくなってしまった時、僕らは自然と「あの時もっと大切にしてあげればよかった」、「あのときどうしてあなたの傷に私は気づけなかったのだろう」という形の傷を負う。あるいは「救えないのならば、せめて同じくらい傷つけばよかった」、「どうしてあなただけが傷ついて、私は無傷なのか」という他者の傷を巡る傷を負う。誰かにやさしくしたいと思うのは、「私はあのときやさしくできなかった」という記憶があるからではないでしょうか。

このような理路によって、ケア論、利他論は傷をめぐる議論とつながっているのです。

第2章

利他とケア

自動車の社会的費用

今、あなたは自動車を所有しているとします。

その場合、自動車1台につき、年間どれくらいの費用がかかるでしょうか？

自動車を持っていないとなかなかピンと来ないかもしれませんが、ひと月あたりこれくらいのはずだから、年間だったら概算でこれくらいかな、という程度で構いません。

その自動車の購入費やローンは除いて試算してください。つまり車本体を手に入れるために支払った代金は入れないということです。

いわゆる「維持費」というコストのみです。通常であれば、駐車場代やガソリン代や高速道路の料金、あるいは諸々の税金などでしょう。

さて、どれくらいの費用になったでしょうか？

年間約200万円――。

経済学者の宇沢弘文は、自動車1台あたり、年間200万円ほどの費用がかかる、と試算しました。

これは一体、どういうことでしょうか？

しかも、この金額は、駐車場代やガソリン代ではなく、この社会全体が引き受けなければならないものだというのです。

この額の正体は、自動車の「社会的費用」という概念にあります。

これは、宇沢弘文の『自動車の社会的費用』（1974年）という本の中で示された試算であり、僕らは、自動車を所有する場合、毎月の維持費などの支払いという私的費用つまり個人的に負担している費用以外に、年間数百万円の桁の費用を負担しなければならない、というのです。

宇沢弘文は、1970年代前半の日本において、自動車1台あたりの「社会的費用」が約200万円だと指摘しました。

僕らは、自動車を1台使用するために、年間あたり200万円の費用を、本来であれば、負担しなければならない。

宇沢はそう主張したのです。

さて、本書の議論は利他についてでした。なぜ宇沢が1970年代に試算した、自動車の社会的費用を紹介するかというと、この社会的費用を算出した彼の視座が利他概念（およびケア概念）にとって重要な示唆を僕らに与えてくれるからです。特にこの後、利他概念とケア概念のそれぞれの地位を明確にするためです。

では宇沢が計算した「社会的費用」とは一体何か？

そして、そこに示された宇沢の視座とはどのようなものであり、どんな点において利他とケアにつながっていくのか？

ここからしばらく、『自動車の社会的費用』の議論を追うことにします。

失われたものを金銭的価値に置き換える

20世紀の日本では、自動車が大量生産されるようになって、さまざまな社会的な問題が発生しました。自動車事故による死者やけが人の発生、騒音や大気汚染といった公害、道路整備のための公的な費用の発生などです。これらは、自動車が社会に普及する前には存在しなかった問題群です。

自動車の普及には、このような社会的な損失があるわけですが、その損害費用や賠償費用などは自動車の「購入額」自体の中にはもちろん含まれていません。そのような、自動車の購入者、所有者が負担していない損害の費用を「社会的費用」といいます。つまり、車1台を所有するためには、購入額や個人的な維持費（＝私的費用）に加えて、本来は一体いくら余分に支払わなければならないのかという費用のことです。本来であれば、その財を得るために支払わなければならない費用が「外部化」されている、と経済学では表現します。つまり、社会的費用とは、市場メカニズムを経由することなく、財の受益者以外に負担がしわ寄せされてしまっている費用を内部化させた場合、一体いくらの費用が払われるべきか、という金額のことです。

宇沢による自動車の社会的費用の算出以前に、試算としては三つのものが知られていました。まず、当時の運輸省の算出では、交通設備の整備、死者の損失額、警察の費用などを含めて、自動車1台あたりの年間の社会的費用が7万円となりました。これに対して、自動車工業会は独自に計算をして、1台あたり年間6622円という修正額を報告しました。その後、野村総合研究所は運輸省の試算に大気汚染などの公害の費用も盛り込み、17万8960円としました。

それに対し、宇沢は「1台あたり年間約200万円」という文字通り桁違いな額を試算します。

なぜこのような結果となったのか。

それは、宇沢だけがまったく異なる視座から人間という存在を眺めていたからです。

宇沢以外の三つの試算はいずれも、失われたものを「金銭的な価値」に置き換えるという方法によって算出していました。たとえば「ホフマン方式」と呼ばれるものがあります。ある人が自動車事故で死亡した場合、その損失を「仮にその人が生きていたとしたら、得たであろう所得」という基準に基づき算出する方法のことです。
宇沢はこの方式の問題点を指摘します。

> このホフマン方式によるならば、もし仮りに、所得を得る能力を現在ももたず、また将来もまったくもたないであろうと推定される人が交通事故にあって死亡しても、その被害額はゼロと評価されることになる。(…) このような計測方法が得られるのは、人間を一つの生産要素とみなすからである。
>
> (宇沢弘文『自動車の社会的費用』82 - 83頁)

また、宇沢はこう述べます。

> 人命とか健康とかの損失は不可逆的なものであり、ひとたび失われた生命や健康は元通りに復元することができないものであって、ホフマン方式が妥当する前提条件はもともとみたされていないということができる。
>
> (同書、89頁)

宇沢の指摘は、こうです。

現行の試算の前提は、「ある人間の存在価値は、その主体の生産性すなわち生み出す金銭的価値によって規定される」というものであり、その前提は到底、人間的なものではない。そして、もしこの価値観を一度採用してしまえば、「人間存在は金銭に還元可能であり、損失を金銭によって補填することができる」という主張が帰結してしまう。

宇沢は経済学者として、この価値観に抵抗します。

宇沢弘文の知的抵抗、知的反逆がここにあります。

失われたものを金銭的な価値に還元せずに、一体どうやって宇沢は自動車の社会的費用を算出したのか。

答えはこうです。

どのような都市環境や道路の構造であれば、そもそも事故が発生せず、人命がおびやかされずにすむかという視点から計算したのです。つまり、市民の基本的権利を侵害しないような道路を作るにはどれほどのコストがかかるのか、という観点に基づき試算したのです。これは発想の根本的な転換でした。

回復することのできない価値

人命や健康が損なわれた、それは一体いくらのコストなのか？　という前提を宇沢は拒否します。なぜなら、それはもはや「回復することのできない価値」だからです。宇沢は回復不可能なものを冷静に見つめました。回復不可能な損失を、それが失われた後に回復するというのは、端的な矛盾であり、この矛盾を無視するとしたら、それは自己欺瞞です。

では、宇沢は具体的にどのようにして、「回復不可能な価値（＝人命、健康、市民の基本的人権）がそもそも損なわれない都市」を思い描いたのか。それは一体どのような都市なのか？

宇沢は、たとえば仮に、車道を両側4メートルずつ広げ、歩道と車道を並木によって分離したりなどの道路構造の変更という投資を行った場合、どれくらいのコストが発生するかという視点から社会的費用を求めました。自動車事故など自動車による損害が極めて起こりづらい都市をゼロから作るとしたら、都市計画、都市開発レベルの変更が要ります。宇沢はそのコストを算出したのです。

つまり、都市設計のコスト、道路整備のコストを自動車の費用にくり込むことで、その費用を内部化しようとしたのです。そして、その内部化の結果が、自動車1台あたり、年間200万円となったのでした。

宇沢の目には、都市の道路や自動車の走る光景が「異常なもの」に見えたといいます。ちょうど日本の高度経済成長期にまたがる10年間を海外で過ごし、その後日本に帰国したとき、東京の街を歩いてショックを受けたと綴っています。歩行者がたえず自動車に押しのけられながら、注意しながら歩かなければならないというのは異常な現象だと。またこの本の中には「非人間的な日本の街路」という節もあります。

僕らは都市環境や道路の構造を当然のものとして受けとめています。が、宇沢の目にはそうは映らなかった。

そして人の命を金銭に換えることも許さなかった。宇沢の倫理観は、ホフマン方式という既存のシステムの中で常識的なものとされていた算出方法を認めなかった。そんな倫理が、宇沢に車1台あたり年間200万円という額を導かせたのです。そして、実際の東京とはまったく異なる、自動車によって生命や健康が奪われない、市民の基本的な人権が守られる都市としての東京を想像したのです。

倫理は道徳と衝突する

さて、宇沢弘文の『自動車の社会的費用』を紹介したわけですが、どうでしょうか。

今考えたいのは、利他とケアについてでした。

宇沢の視座は「エゴイズム」から遠く離れたものではありますが、果たして「利他的」でしょうか。

第1章の議論を思い出してください。

本書の定義では、利他は「自分の大切にしているものよりも、その他者の大切にしているものの方を優先すること」でした。この定義を改めて考えてみると、次の主張が取り出せると思います。

利他は、本質的に「葛藤」を内包している――。

どういうことか?

たとえば、哲学研究者の永井玲衣『水中の哲学者たち』で語られている次のようなエピソードです。

ある講義での風景。いくつかの理由あるいは原因があり、「わたし」はその講義の教科書を買っていなかった。「110ページをひらいて」と先生が言う。教科書を持っていないので、とりあえず持っていた紙に指示されたページ数をメモしていたら、ある気配を感じた。隣の席の男性が心配そうにこちらを見ているのだった。そして、彼は落ち着かない様子だった。教科書を「わたし」のいる右隣に少し寄せたり、引っこめたり、あえて閉じてみたり、と。

おそらく彼は、わたしに教科書を見せるべきかどうか、葛藤しているのだろう。だが、彼はわたしと別に知り合いではない。

（…）

わたしは彼の挙動を肌で痛いほどに感じながら、「道徳をゆさぶってごめん」と思った。

彼の中にはおそらく、困っているひとを助けるべきだ、という道徳がある。だが、同時に、受講生としての義務に反している、ノートすら持っていない見知らぬひとに手を差し伸べるべきなのか、という疑問もあるだろう。

申し訳なさが極まってしまったわたしは、思わず机に突っ伏してしまった。ごめん！　やさしいひと！　わたしは寝ているひとなので話しかけなくて大丈夫!!

（永井玲衣『水中の哲学者たち』146‐147頁、強調引用者）

ここにある二つのものの衝突。一つは、ある講義の受講生が従うべき義務、規則。この講義を受けるにあたり、教科書の購入や準備が事前にアナウンスされていたはずです。そして他の受講生たちはそれをきちんと用意していた。授業に必要なテキストを持参しなければならないというルール、規範。もう一つは、目の前にいる、困っているであろう人を助けなければならない、サポートしなければならないという衝動あるいは切迫です。「テキストを持ってくるのがルール。だから、忘れたやつが悪い」と見放すことも当然できるでしょう。あるいは、単に見て見ぬふりをすることも。しかし、隣にたまたま座った彼はそれができなかった。道徳を揺さぶれた、やさしいひとがそこにいたのです。

この事例に利他があると言えるためには、隣にいたその男性にとって「自分の大切にしているものよりもテキストを見せることを優先しようとした」と言えなければなりません。彼にとって何が大切なものだったかというと、それはルール、規範です。これは彼にとってだけでなく、サピエンス全員にとってもそうです。ルールからの逸脱は社会的な動物である僕らにとっては死活問題です。なぜ死活問題なのかというと、集団、共同体から排除されるリスクがあるからです。集団を離れては生きてゆけない動物であるがゆえに適応度が下がるのです。つまり、「そうするべき」という共同体における規範は万人にとっての大切なものと言えます。

永井は道徳／義務という概念で区別していますが、本書ではこのエピソードのような二つの対立を倫理／道徳という区別で考えてみたいと思います。
哲学者の池田晶子は道徳と倫理を次のように区別しました。

道徳と倫理との違いとは、単純明快、強制と自由との違いである。「してはいけないからしない」、これは道徳であり、「したくないからしない」、これが倫理である。「罰せられるからしない」、これは道徳であり、「嫌だからしない」、これが倫理である。

（池田晶子『言葉を生きる』22頁）

教科書は各自が自分で用意すべきであるというのが道徳（＝共同体の規範）であり、それにもかかわらず、見知らぬ隣の人に教科書をシェアしようとする、つまり受講のルールを思いがけず破ってしまう（破ってしまいそうになる）のが倫理（＝今日・ここ・私の規範）です。なぜ彼は堂々と教科書を見せようとしないのか？　なぜ道徳心があるのか？　それは、表立って見せてしまったら、「教科書は誰かに見せてもらえばいい」ということになって、自分で購入したり用意したりしないフリーライダーが増えてしまうという懸念があるからでしょう。つまり、「真面目に受講する」という規範が守られなくなる可能性があるからです。

倫理は道徳と衝突します。そして、倫理は時として、反道徳的となる可能性を帯びています。倫理は池田のいう「罰せられるからしない」を乗り越えてしまうことがある。

このように、ある事象を利他と呼ぶためには、そこに矛盾や衝突、ためらい、逡巡、すなわち葛藤がなければならない。

利他とは「自分の大切にしているものよりも、その他者の大切にしているものの方を優先すること」というのは、そのような、時に反道徳的となる可能性を秘めているのです。

ケアの定義とは？

では、このようなはっきりとした葛藤がないものは利他ではないのでしょうか？

僕としては、そのような「葛藤なき寄り添い」には別の名前を与えたいと思っています。

明らかな葛藤があるわけではない、真っ直ぐ相手へ向けられた善き行い。

僕はそれを「ケア」と呼ぶべきではないかと考えています。

本書では「ケア」をこう定義します。

ケアとは、その他者の大切にしているものを共に大切にする営為全体のことである。

そして、そのケア概念は「他者の生を支援すること」であり、このケア概念に「自身の従っている規範との衝突」、これまでの言い方では「自分の大切にしているものよりも、その他者の大切にしているものの方を優先する」という条件が加わった時、ケアは利他に変わる。

つまり、本書の定義では、利他はケアの部分集合であり、言い換えれば、ケアは利他の必要条件（利他はケアの十分条件）である、ということになります。

なぜ、ひとは時にケアをためらうのか？

それは、そのケアを「システム」が禁じるからです。先の教科書を見せてくれようとした受講生の事例では、大学の教務システム、講師－受講生というシステムがあります。いわゆる組織における「内規」です。組織のメンバーであること、ある共同体の内部の人間であることが、その者のケアをためらわせ、葛藤を生む。

「システム」は個別の出来事を考慮できません。

個別の出来事に配慮するシステムというものは存在しません。それは端的な形容矛盾です。そして、システムに従順な者は思考する必要がありません。なぜなら、全てはシステムが決定してくれるからです。そこでは「決まりなので」というまさに決め台詞がきちんと用意されています。もちろん、それは公平性や公共性といった価値に基づいて設計されたものではあります。あるいは、人治に陥らず、あくまで法治として無秩序になるのを防ぐ意味合いもあるでしょう。

ですが、システムがケアし切れない者、システムから「はぐれてしまった者」との邂逅《かい こう》が僕らに利他を促す。

そして、利他はその定義上、僕らをシステム・コード・規範から自由にする。

ケアと利他を概念として分けることを提案するのは、利他にはそのような「自由」を発生させる力があるからです。

視点によって変わる利他とケア

さて、では宇沢弘文の思考は利他でしょうか、それともケアでしょうか。

僕は宇沢弘文の眼差しには利他ではなく、ケアを感じます。

彼の思索にはためらいもあったのかもしれませんが、それ以上に「使命感」を感じるからです。つまり、彼の経済学者としての矜持が、彼をあの試算に導いたという理路が自然なものに感じてしまうのです。

視点の区別を入れてみると、もしかしたら論点がよりはっきりするかもしれません。宇沢自身の眼差し、宇沢の立場と、宇沢の試算方法とその視座を感じた僕らの立場の区別です。宇沢本人にとっては学者としての使命を果たすという、ねじれや葛藤のない「ケア」だったのかもしれませんが、その姿を見た僕らにとってはそれは「利他」に映る。なぜなら、ホフマン方式という「システム」や「常識」に縛られていた僕らを認知的に自由にしてくれたからです。

ここには別の形、別の方法があったのだ、と教えてくれた。まさに、宇沢の著作によって、彼の眼差しによって、僕らはシステム・コード・規範から少しだけ自由になる勇気をもらった。それゆえ、宇沢本人にとっては、市民の大切にしているものを共に大切にしようとしたケアであるが、それを受け取った僕らにとってはそれは利他に見える。

利他にはそのような軛《くびき》としての思い込みや先入観からの離脱があります。利他には、そのような「自己変容」の契機が潜んでいるのです。

その他者の大切にしているものを共に大切にする営為としての『自動車の社会的費用』。20世紀を代表する知者による、この文明へのケア。

彼の言葉や論理にケアを、僕は感じる。

もう一つ、ケアの場面を紹介します。

臨床心理学の大家であり、ユング研究の第一人者の河合隼雄のエピソードです。多くのカウンセリングの経験の中で、クライアントの女性から言われたある言葉があるそうです。

そのクライアントは重度の離人症を抱えており、日常ではさまざまなトラブルがあったと言います。彼女とのカウンセリングの最後の回に、次のようなやりとりがありました。


「いちばん初め、先生に会ったときに、この先生で自分は治ると思った」

「どうしてですか」

「いままでの先生と全然違った」

「どう違った？」

「私が部屋に入ってきたとき、先生は、私の顔にも服装にも、全然関心を示されなかった」

（…）

「ああ、そうですか」

「それだけじゃありません。先生は私の話の内容に、全然、注意しておられませんでした（笑）」

「僕、何をしてましたか」

「何をしておられたかというのは、すごくむずかしいんだけれども、あえていうなら、もし人間に『魂』というものがあるとしたら、そこだけ見ておられました……」

（河合隼雄・茂木健一郎『こころと脳の対話』161・162頁）

僕は、これがケアの本質のように思えてなりません。

ふいに「魂」という表現が登場します。

もし人間に「魂」というものがあるとしたら、そこだけを見ておられました——。

ケアとは、その他者が大切にしているものを共に大切にすることだと言いました。しかし、そのためには、その他者が大切にしているものを真っ直ぐ見つめなければなりません。そして、往々にして、他者の大切にしているものは、目には見えない。

見えないものを見ようとしなければケアは、ひいては利他は成立しない。その他者の大切にしているものも傷もすべてを内包する「魂」を見つめること。

道徳は地図、倫理は歩こうとする意志

さて、もう一度利他について考えたいと思います。そして、それはすなわち、道徳と倫理を再考することになります。哲学者の古田徹也もこの二つを分けることを提案しています。

たとえば、脳死臓器移植の問題や尊厳死、安楽死の問題、生命の操作をめぐる問題などのいわゆる「生命倫理」の問題、それから、情報技術や原発などをめぐる「科学技術倫理」の問題などは、「倫理的な問題である」とは言われるが、「道徳的な問題である」とはあまり言われないだろう。このことから窺《うかが》えるのは、まさしく現在進行形の難問——皆が一致するような定まった答えがあるわけではないが、我々の生き方にとって重要であり、考え抜かなければならない問題——を、我々は「倫理」という概念の圏内に位置づけるのではないか、ということである。他方、「道徳」という概念には、共同体の中で比較的長い時間をかけて定着してきた習慣（慣習、

風習、習俗）に類したニュアンスがあるように思われる。

（古田徹也『それは私がしたことなのか』２４４頁、強調引用者）

つまり、これまでのシステム・コード・規範によって「踏み固められて」きたものを「道徳」と呼び、これまでの前例が通用しない、いわばカッティングエッジ（最先端）な判断を「倫理」と呼ぶということです。

道徳はいわば「地図に載っている街」ということです。先人たちが通り抜け、歩き、踏み固められた道が縦横に走っている街が道徳なのです。それに対し、その慣れ親しんだ街から離れ、誰も歩いたことのない、未踏の大地を歩くこと、そして、歩こうとする意志を倫理と呼ぶのです。

当然、不安を拭い去ることはできず、ぬかるみに足を取られ、時には転びそうになることもあります。しかし、自由という可能性の大地に至るためには、そのような逆境はどうしても必要です。

慣れ親しみ、愛おしさすら感じる「街」から、「未踏の大地」へと至ること。思いがけず、他者と邂逅することで、そんな大地へと迷い込む。

そんなモチーフを持つ文学作品が、遠藤周作の『沈黙』です。

『沈黙』は利他を考える際の重要な物語です。システム・コード・規範の破れ（破れ）を描いた作品といえます。これまでのルールのままでは対処できない局面がいくつも登場するからです。これまで従ってきた規範をそのまま適用してしまったら、目の前のその他者を救うことができない、あるいは傷つけてしまう。そんな場面において為される行為や判断が倫理であり、利他だからです。

ここで小説家遠藤周作『沈黙』の中の風景を紹介、分析することで、利他はシステム・コード・規範の破れ（敗れ）として立ち現れることを傍証してみたいと思います。

『沈黙』に見る利他の物語

『沈黙』は、主人公である司祭セバスチャン・ロドリゴがポルトガルから切支丹《キリシタン》弾圧の最中の日本にたどり着き、そこで不遇と苦しみの只中にあるキリスト教徒たちを目の当たりにし、自身もそこに巻き込まれていく顚末を描いた小説です。その中に次のような場面があります。

逃げ回っていた主人公もとうとう警吏に捕らえられてしまう。同じように捕らえられている男女四、五人も洗礼を受けた日本人たちだった。しかし、手をくくられて捕まっているのに、彼らの様子がおかしい。怯えている様子が見られないのだ。これから取り調べを受け、踏絵を踏むか、つまり「転ぶ（＝棄教する）」かを試され、拒んだ場合には拷問を受けることになる。

その捕らえられた中の一人、貧しい農民の女（モニカという洗礼名を与えられていた）に、「みんな平気なのか」「やがて私たちも同じように死ぬかも知れないのに」と司祭は尋ねた。するとモニカが次のように答えた。

「わかりまっせん。あっじょん、パライソに行けば、ほんて永劫、安楽があると石田さまは常々、申されとりました。あそこじゃ、年貢のきびしいとり立てもなかとね。飢餓《うえ》も病の心配もなか。苦役もなか。もう働くだけ働かされて、わしら」彼女は溜息をついた。「ほんと、この世は苦患《くげん》ばかりじゃけねえ。パライソにはそげんものはなかとですかね、パードレ」

天国《パライソ》とはお前の考えているような形で存在するのではないと司祭は言おうとして、口を噤《つぐ》んだ。この百姓たちは教理を習う子供のように、天国とはきびしい税金も苦役もない別世界だと夢みているらしかった。その夢を残酷に崩す権利は誰にもなかった。「そうだよ」眼をしばたたきながら、彼は心の中で呟いた。「あそこでは、私たちは何も奪われることはないだろう」

（遠藤周作『沈黙』128−129頁）

ロドリゴの司祭（パードレ）としてのすべき振る舞いはキリスト教の正しい教え、正統な教義を語ることだったでしょう。それがロドリゴの道徳だったはずです。しかし、この局面を前にして、彼はそれができなかった。口を噤んでしまったのです。

かといって、モニカに対して、「そうだよ」と実際に口にすることもできなかった。これは司祭としてのシステム・コード・規範が停止してしまった場面、そのような道徳が破れ（敗れ）てしまった局面です。このようにして、『沈黙』ではロドリゴのためらい、逡巡、そしてこのような苦難にある民を救おうとせず沈黙したままである神への疑義が描かれていきます。

つまり、ロドリゴは日本に至って、そこでは教義通りのキリスト者であることができなくなっていくのです。

言い換えれば、それは、キリスト教という踏み固めた道徳（＝慣れ親しんだ街）の中にはもはや安住できず、一つひとつの行為に決断と選択が必要とされる状況へと迷い込んでしまった、と言えます。

そして、ロドリゴはキリシタンを救うために、最終的には踏絵を踏み、「転ぶ」（棄教する）こととなります。

それは、司祭であるロドリゴが転ぶまで、捕えられた他のキリシタンたちが拷問を受け続けていることを知ったからでした。『沈黙』の終末部のシーンです。奉行所に捕えられ、牢に監禁されている時、犬たちが争っているような唸り声が聞こえ、それが誰かの「鼾《いびき》」だとわかった。酒を飲んだ牢番が眠りこけているのだろうと。日本に辿り着き、潜伏し、目の前でモキチとイチゾウという2人の隠れキリシタンたちが海の中の杭に括られ、ゆっくりと絶命していくという拷問も目撃してきたロドリゴ。

その海の波はモキチとイチゾウの死体を無感動に洗いつづけ、呑《の》みこみ、彼等の死のあとにも同じ表情をしてあそこに拡がっている。そして神はその海と同じように黙っている。黙りつづけている。

そんなことはないのだ、と首をふりました。もし神がいなければ、人間はこの海の単調さや、その不気味な無感動を我慢することはできない筈だ。

（しかし、万一……もちろん、万一の話だが）胸のふかい一部分で別の声がその時囁《ささや》きました。（万一神がいなかったならば……）

これは怖ろしい想像でした。彼がいなかったならば、何という滑稽《こっけい》なことだ。もし、そうなら、杭《くい》にくくられ、波に洗われたモキチやイチゾウの人生はなんと滑稽な劇だったか。多くの海をわたり、三カ年の歳月を要してこの国にたどりついた宣教師たちはなんという滑稽な幻影を見つづけたのか。そして、今、この人影のない山中を放浪している自分は何という滑稽な行為を行っているのか。

（同書、104・105頁）

ロドリゴは何度となく、なぜ神はこのような状況を見ておられながら、それでもなお沈黙しているのか？　と直視し難い問題を問い続けてきました。自分がどこまでも大切にしてきたもの、心から大切にしてきたもの（＝信仰）が打ち砕かれようとしていたのです。

そのような神への疑いに直面せざるを得ない顚末の果てに、今、牢獄にいる状況です。そして、そんな自身の境遇のいわばクライマックスと言える場面で誰かの鼾が聞こえる。それが自分の人生を愚弄しているような気がして、怒りを覚えます。そして、告げられるのです。

「あれは、鼾ではない。穴吊りにかけられた信徒たちの呻いている声だ」と。穴の中に逆さに吊るされ、生かさずの拷問を受けているキリシタンたちの声だったのです。ロドリゴを直接拷問にかけることなく、彼が救済すべき貧しい百姓のキリシタンたちに責め苦を与えることで、神への疑義を募らせ、ロドリゴを転ばせようとしていたのです。そしてロドリゴはついに決定的な行為へと至る。

司祭は足をあげた。足に鈍い重い痛みを感じた。それは形だけのことではなかった。自分は今、自分の生涯の中で最も美しいと思ってきたもの、最も聖らかと信じたもの、最も人間の理想と夢にみたされたものを踏む。この足の痛み。その時、踏むがいいと銅版のあの人は司祭にむかって言った。踏むがいい。お前の足の痛さをこの私が一番よく知っている。踏むがいい。私はお前たちに踏まれるため、この世に生れ、お前たちの痛さを分つため十字架を背負ったのだ。

こうして司祭が踏絵に足をかけた時、朝が来た。鶏が遠くで鳴いた。

（同書、２６８頁、強調引用者）

しかし、それは誰かのために道徳を捨て去ることだけを意味してはいませんでした。彼は、道徳から倫理へと羽ばたくのです。

『沈黙』の最後の言葉は次のようなものとなっています。

聖職者たちはこの冒瀆《ぼうとく》の行為を烈しく責めるだろうが、自分は彼等を裏切ってもあの人を決して裏切ってはいない。今までとはもっと違った形であの人を愛している。私がその愛を知るためには、今日までのすべてが必要だったのだ。私はこの国で今でも最後の切支丹司祭なのだ。そしてあの人は沈黙していたのではなかった。たとえあの人は沈黙していたとしても、私の今日までの人生があの人について語っていた。

（同書、２９５頁）

聖職者とは、教義通りの教えの実践を行っている者たち、つまり、硬化したシステム・コード・規範＝道徳の住人たちのことです。ロドリゴは、それを乗り越えてしまった。それは、聖職者たちから見れば、足を踏み外すという行為であり、非難の対象となるのは当然でしょう。

しかし、彼はもはやそのような道徳を生きていません。

ロドリゴの言葉にあるのは、「聖職者と神」という記号的な関係性ではなく、「私とあなた」という、固有名を持った者同士の、偶然性と一回性を帯びた関係性に思えます。

これが「倫理」の風景と言えないでしょうか。

美学者の伊藤亜紗は「利他とは、『聞くこと』を通じて、相手の隠れた可能性を引き出すことである、と同時に自分が変わることである」（『「利他」とは何か』61頁）と述べていますが、『沈黙』では、まさに、司祭ロドリゴは神の沈黙を聴いたのです。


（踏むがいい。お前の足は今、痛いだろう。今日まで私の顔を踏んだ人間たちと同じように痛むだろう。だがその足の痛さだけでもう充分だ。私はお前たちのその痛さと苦しみをわかちあう。そのために私はいるのだから）

「主よ。あなたがいつも沈黙していられるのを恨んでいました」

「私は沈黙していたのではない。一緒に苦しんでいたのに」

（同書、294頁）


その他者が大切にしているものを共に大切にする。

ケアとはそのような営為でした。

そして、ロドリゴのように、他者をケアしようとする中で、これまでの規範との齟齬、矛盾、すなわち葛藤が生じ、そこから自分自身が変わってしまうという自己変容が起こる。そのような出来事が利他なのです。

第3章

不合理であるからこそ信じる

ケアに偽善は存在しない。

そう言ったら驚かれるかもしれません。確かに、ボランティアなどにおいて、自己利益にならない利他的な振る舞いを装いながら、実は他人から褒めてもらいたい、ありがとうと言ってもらえると気持ちがいいから、という動機に基づいていた場合、「それは偽善的だ」という非難が発生することがあります。

なぜ偽善と呼ばれるのか？

それは、行動の出発点が「私」にあるからです。

偽善とは、「私が大切にしているもののために、相手の大切にしているものを利用する」ことです。そして、それを「あなたのために」という包装紙でラッピング（＝偽造）して手渡すことです。だから重要なのは、順序です。

第2章で、ケアとは「その他者の大切にしているものを共に大切にする営為全体」のことであると定義しました。ケアは私から始まるのではありません。ケアを必要としている他者と出会う場面で起こる事象です。ですから、ケア概念に次のような条件を加えることにします。

ケアとは、他者に導かれて、その他者の大切にしているものを共に大切にする営為全体のことである、と。

偽善には、この条件「他者に導かれて」がありません。

なぜなら、偽善は「私の利益、快楽」や周囲からの評価、世間体から始まるものだからです。逆にケアは、私から始まるのではなく、相手から始まるものと言えます。第1章でアランによる愛他（＝利他）主義の定義を見ました。その定義は、「彼らが表明する、あるいは彼らが表明すると想定される讃嘆や非難によって強く影響される」という言葉で締められていました。

私から始まるのではなく、他者に導かれる、ということは「他者に強く影響される」ということです。つまり、固執しない、あるいは固執できないということがケアの条件となります。

偽善は、自分自身の計画に固執し、相手に執着する。

なぜなら、達成したい自身の目論見が存在しているからです。他者の受難は、その目論見を達成するための手段となります。

誰かを受難から救うことのできる私。そんな自己効用感の道具として他者を使用する。ですが、自己効用感はあくまでも「結果」のはずです。私は確かに役に立つことのできる存在だ、という感覚を得るために行われる一切はよきケアではないでしょう。

あるいは、子育てを考えてみればよくわかるはずです。子のため、子の将来のため、と口では言いながら（あるいは意識的な面では心からそう信じ込みながら）、その実、自分の不安を消し去るための「手段」として、子をコントロールしようとする策略となっていることがあり得ます。子どもに対して、本当にケアを行うのであれば、親である自分と他者である子を切り離して、別の人格であることを認めなければなりません。

さらに子育てと恋愛を比べてみるのもいいかもしれません。

僕らは、恋において、自分自身に固執することができない。

恋は、私の輪郭をおびやかす。

僕らは、自分と「同じ存在」に恋することはできない。それは自己愛であり、恋ではない。

恋とは、出会った以前と以後の自分が同一の存在であることができなくなる契機の総称です。恋はそれゆえ僕らに自己変容を迫る。

だからこそ、僕らは直接会ったことのない相手やものに対しても恋することができるのです。たとえば学者というものは、知に対して恋をしている存在のことと言えます。研究対象は必ずしも会ったことのある人物とは限りませんし、文学研究者であれば対象は人ではなく作品群ですし、文化人類学者であればその地域固有の文化や部族の人たちです。

プラトンの研究者は、プラトンに恋をしていると言えます。あるいは、天文学者は、夜空に描かれた神聖なメッセージ（＝天文）という手紙を読まんとする存在である。プラトンが何を考え、何を語ろうとしていたのか？　この宇宙はどのような合理性を秘めているのか？　それに触れようとするならば、「いま、ここ、わたし」に執着していては理解できない。現在の私の認識枠組み、常識、暗黙の前提を手放し、私自身が変容しなければアクセスできないものがここにある、という想いを恋と呼んでなぜいけないのだろうか。

ケアは、恋に似ている。

そして、恋に偽善はない。

したがって、他者に導かれて為されるケアに偽善は存在しない。

「にもかかわらず」というねじれ

さて、今、ケア概念に「他者に導かれて」という条件を加えました。第2章で、ケアは利他の必要条件だと述べました。すなわち、利他があるとき、そこにはケアもある、ということです。だとすれば、ケアの定義が更新されると、利他の定義も更新されることになります。

改めて、第1章で提示した利他の定義を書きます。

利他とは、自分の大切にしているものよりも、その他者の大切にしているものの方を優先すること、である。

なぜ、自分の大切にしているものよりも優先するのか？

それは、他者に導かれてしまったからです。

そしてその時、僕らの中には何が生じるのか？

それはためらい、逡巡、葛藤です。そして、そこから自己変容に至るというのが利他の構造でした。

第2章で紹介した『沈黙』の場面に示されていたものです。そして、ここにはある重要な現象が含まれています。

それは、「にもかかわらず」というねじれです。

利他が利他であるならば、そこには「にもかかわらず」という逆説がなければならない。

そして、利他の受取人がそのねじれ、矛盾を把握した時、信頼が発生する。利他によって、僕らはその人を信頼することができる。利他が信頼を生み出してくれるのです。

どういうことか?

まず、一般的な形で「信頼」概念と、それに関連する「社会的不確実性」の定義を紹介します。心理学においては、信頼は「相手が自分を騙そうと思っているのではないか、あるいは相手に身を委ねた場合に利用されてひどい目にあわされてしまうのではないかという、相手が自己利益のために搾取的な行動をとる意図をもっているかどうかについての信念ないし期待」と暫定的に定義されています。

また、相手の行動によっては自分の「身」が危険にさらされてしまう状態のことを「社会的不確実性が存在している状態」と定義し、その相手を信頼するとは、「大きな社会的不確実性の存在する状況、すなわち相手の行動のいかんによっては自分がひどい目にあってしまう状況で、相手がひどいことをしないだろうと期待すること」とされている(山岸俊男『安心社会から信頼社会へ　日本型システムの行方』16-18頁)。

> 信頼は、社会的不確実性が存在しているにもかかわらず、相手の(自分に対する感情までも含めた意味での)人間性のゆえに、相手が自分に対してひどい行動はとらない

だろうと考えることです。

（同書、22頁）

つまり、信頼は不合理性に根ざしているということです。合理的に考えて、私に危害を加えないだろうという信念、あるいは、私に危害を加えることがそもそもできないだろうという信念は「安心」である、とされています。

たとえば、法による拘束や警察機構によって、安心を構築することはできます。ですが、そういったシステムからは「信頼」は出てこない。信頼とは、不確実性から生まれるのです。

友人関係を考えてみてください。友人というものは陰で私の悪口を言ったり、裏切ったりする可能性があるにもかかわらず、そんなことはしないはずだ、という根拠のない信念によって支えられている人間関係のことです。言い換えれば、私を傷つける可能性があるにもかかわらずしない、という相手しか大切な相手になれないのです。

それに対し、弱みや秘密を知られたから、こちらも相手の弱みを握るというのは、とても緊張感のある関係性です。それはあたかも、相互確証破壊によってその均衡がかろうじて保たれた冷戦時代のアメリカ、ソ連の関係のようです。相手の弱みを私も握っているから、「安心」できる、というわけです。相手が合理的に思考し、利得と損害を正確に、冷静に計算できる、というタイトな条件付きではありますが、そのような何らかの裏打ちされた相互保証を心理学では「信頼」と対比して「安心」と定義しています。両者の特徴を端的に述べれば、合理的な根拠が欠けているにもかかわらず相手を信じることが「信頼」であり、明確な根拠が存在している時、その状態を「安心」と呼び、区別されるのです。

証拠はないけれども相手を信じる

さて、では信頼の対概念である「安心」の問題点は一体何でしょうか?

それは、相手に「証拠の提出」を求める点です。信頼とは、証拠はないけれども、相手を信じる、信じることができるというものでした。エビデンスもファクトもないけど、あなたが言ってるなら私はそれを信じる。これが信頼の形式です。「あなたがそう言うなら私はそれを信じる」というセリフは、映画でもアニメでも漫画でも、仲間と生きるか死ぬかの極限状態でよく耳にする言葉のはずです。

そして、これはまた愛の言葉でもあるでしょう。

愛を語る時、僕らは合理的にその理由と根拠を述べてはならない。

むしろ、その合理性を積極的には説明できないという点こそが、愛を愛たらしめる。愛は根拠を無効にする。すべての合理的プロセスをカットし、今ここの決断へと僕らを駆り立てる。

それに対し、安心は「コスト」と「時間」がかかります。だって証拠を集め、レポートにまとめ、それをプレゼンしてようやくゴーサインが出るからです。職場でのいわゆる「稟議書」を考えてみてください。なぜ、上司は稟議書を提出させるのか？　それは確固たる根拠を手にして安心したいからです。あるいは、出版社の会議でも同様です。特にこれまで出版経験のない新人の書き手の企画では、どれくらい本が売れるのかの見込みやインパクト、SNS上でどれくらいのフォロワーを獲得しているのかといったエビデンスを説得的に提示しなくてはなりません。できない場合は、その新人の書き手の企画は通りません。こう考えてみると、どうやら仕事というのは「信頼」ではなく、「安心」を基盤に動いているもののようです。

遠藤周作『沈黙』の先の場面では、パライソについて尋ねてきたモニカに対して、パードレであるにもかかわらず「違う」と答えなかった。だからこそ、この物語の読者である僕らはロドリゴを物語の主人公として信頼できるのです。「パライソとはそういった場所ではない」と言うことができたにもかかわらず、それをしなかった。

キリスト教の教義というシステムと目の前のキリスト者へのケア（救済）のあいだで、どちらに転ぶこともできない宙吊りの状態にロドリゴは至りました。真摯でやさしい者は、二つの極の間で宙吊りになることができる。

優柔不断という言葉はネガティブな意味で使われることが多いですが、よくよく考えてみれば、ここには「優しい」という語と「柔らかい」という語が含まれています。決断こそが善き行いであるという価値観の下では確かに優柔不断は推奨されない性格でしょう。ですが、ロドリゴは誠実であるからこそ、葛藤することができたのです。『沈黙』の物語の中で、このロドリゴの逡巡のシーンは彼のキャラクター、彼の置かれている状況の描写としてとても重要だったのです。

「にもかかわらず」によって宙吊りにされるロドリゴ。ここに彼の自己変容の萌芽が潜んでいたのです。

逆説が信頼を生み出す

「にもかかわらず」という逆説が信頼を生み出す。

逆に言えば、この「にもかかわらず」がないと信頼が発生しない。そのような事例を見てみましょう。

ロボットの存在が日常化した近未来を舞台にした映画『アイ，ロボット』のプロットに次のようなものがあります。映画の中では、二足歩行のロボットたちが人間社会の中に溶け込んではいますが、いわゆる「人間らしい振る舞い」はせず、あくまで人間の命令に従うだけの存在として描かれています（人間である主人の忘れ物を取りに行かせたりなど）。

ウィル・スミス演じる主人公スプーナー刑事はロボット嫌いだった。なぜ、スプーナー刑事はロボットを信頼しないのか。それは彼の過去にあった。

かつてスプーナー刑事が署からの帰り道に、居眠り運転のトレーラーとの事故に巻き込まれたときのことだった。そのとき、もう1台の乗用車もそのトレーラーと衝突した。乗用車の運転手である父は即死だったが、助手席には12歳の娘がいた。トレーラーと衝突したその2台は、ともに川の中に落ちた。閉じ込められたまま浸水していく車の中で死を覚悟したスプーナー。沈みゆく車の中から隣の車を見ると、その少女は窓を叩いて逃れようとしている。そのとき、事故現場に通りかかった1台のロボットは、少女ではなく、彼を助けた。「彼女を助けろ！　あの子を助けろ！」と叫ぶ警官スプーナーの方を助けたのだ。ロボットの頭脳は、救助対象者の血圧や脈拍数を「計算」し、「論理的」選択を行ったのである。

そのロボットの計算では、この状況下にあるこの成人男性の生存確率は45%、少女は11%。

ロボットは、論理的、合理的に自身のプログラム通りに活躍したのだ。その出来事を振り返りながら、スプーナーはこう吐き捨てる。

「だが、まだ子供だった。11%でも十分だった。人間ならそれを知っている。ロボットには心がない。ただのマシンだ。俺は信じない」

アルゴリズム、あるいは救助マニュアルとしては生存確率の高い方を救うべきである。しかし、それにもかかわらず、人間ならそれに反した行動を取ることができるはずだ。スプーナーはそう言いたかったのでしょう。つまり、機械的な、マニュアルに基づいた計算的思考からは、信頼が生まれない、と。

システムとは何か?

規範性からの逸脱。

自身が遵守すべきルールやシステムを破り、その外へと歩み出すこと。

ここまでの議論をまとめると、利他の定義は次のようになります。

自分が大切にしているものがあるにもかかわらず、他者に導かれて、その大切なものを手放す。

利他にはこのような事象が内在しています。


もしここに硬い大きな壁があり、そこにぶつかって割れる卵があったとしたら、私は常に卵の側に立ちます。

そう、どれほど壁が正しく、卵が間違っていたとしても、それでもなお私は卵の側に立ちます。（…）その壁は名前を持っています。それは「システム」と呼ばれています。そのシステムは本来は我々を護るべきはずのものです。しかしあるときにはそれが独り立ちして我々を殺し、我々に人を殺させるのです。冷たく、効率よく、そしてシステマティックに。

私が小説を書く理由は、煎じ詰めればただひとつです。個人の魂の尊厳を浮かび上がらせ、そこに光を当てるためです。我々の魂がシステムに絡め取られ、貶められることのないように、常にそこに光を当て、警鐘を鳴らす、それこそが物語の役目です。

（村上春樹『雑文集』78-79頁）

エルサレムで行われた、村上春樹の「壁と卵」のこのスピーチにある通り、システムは個に対するケアを行えません。なぜなら、人間という存在は不合理だからです。

ここで人間の不合理性に対する指摘としてさらにもう一つ紹介したい文章があります。

結婚式を目前にして、最愛のひとが交通事故で死んでしまったひとがある。このひとは「なぜ」と尋ねるに違いない。「なぜ、あのひとは死んでいったのか。」これに対して「頭部外傷により……云々」と医者は答えるであろう。この答えは間違ってはいない。間違ってはいないが、このひとを満足させはしない。なぜ、この正しい答えが、このひとを満足させないのか。それは、この「なぜ」（Why）という問いを「いかに」（How）の問いに変えて答えを出したからである。

（河合隼雄『ユング心理学入門』2-3頁）

正しいが満足できない説明。間違っていないが納得できない理由。割り切ることができないのが人間です。僕らの心はそこまで合理的にできていない。僕らの脳が、ＡＩと同じくらい計算論的にきちんと構築されたものであるならば、適切なシステムによって僕らは救われるのかもしれません。ですが、僕らの脳は進化の産物に過ぎないのです。つぎはぎだらけで、バイアスにまみれた、首尾一貫しない複雑でとても面倒なハードウエアなのです。

利他は、そんな僕らの脳とシステムの間を埋める。

さて、これまで「システム」と呼んできたものにそろそろその内実を与えなければならないと思います。

システムとは何か?

それは哲学者ウィトゲンシュタインが考案した言語ゲームという概念です。

言語ゲームを論じる必要性はもう一つあります。それはそもそもの利他の必要条件である、ケアに潜むアポリアです。

ケアの定義から次のような疑問が僕らの前に姿を現します。

他者の大切にしているものを知ることは一体どのようにして可能なのか? という問いです。

他者の大切にしているものを知るとは、つまり、その他者の「心」という内面を知ることである。

大切にしているものとその人の心。

これは密接に繋がっている。

なぜか？

例えば、悲哀。

これらが立ち現れるのは一体どのような場面でしょうか？

それは大切なものがこの世界から失われたときです。

僕らは、あなたが大切にしているものが心の中に「すでに」「私よりも先行して」存在しているからこそ、喜びの振る舞い、悲哀の振る舞いが起こる、という因果の流れの中で他者の心という存在を把握しています。これが常識的な描像です。

しかし、この描像が僕らのケアを阻むのです。

そもそも、なぜこのような描像へと僕は導かれるのだろうか？　それは、僕らが他者の心の把握に、しばしば失敗するからです。

振る舞いよりも先行して心なるものが確固たる実体として存在しているのではない――。

この、あまりにも常識から逸脱する主張をウィトゲンシュタインの思索から導いてみたい。そして、この主張こそがケアを、それゆえ利他を為すための理論的な土台となります。

他者の心を知ることは不可能ではない。

善悪はゲームに依存する

言語ゲームという概念（ウィトゲンシュタインは「概念」とは呼ばずに、比喩ないしはアナロジーだと言っています）の導入と詳しい解説は次章に回すとして、その前に、利他論、ケア論を語る際に、なぜ言語ゲームを語らなければならないのかをもう一つ別の観点から確認してみたいと思います。

相手のために良かれと思って為したことが、相手にとってはまったく好ましくない、むしろ傷つけられる経験となる、という事態がしばしば起こる。つまり、こちらにとってのやさしさと相手の受け取るやさしさがズレているという問題で、これが「まえがき」でも述べた本書の課題です。

この「やさしさ授受問題」はあるゲーム用語で語ってみるとクリアーになります。

「バフ」と「デバフ」という概念です。

これは主に、オンラインの対戦ゲームなどで語られる概念です。例えば、味方プレーヤーと協力して（敵を殲滅《せんめつ》するとかゴールを目指すといった）ミッションを達成しようとするゲームにおいて、自身の持つ特殊能力によって味方プレーヤーの攻撃力を高めたり、負傷した仲間を治療できたりといった、プラスの効果を付与するものを「バフ」と言います。逆に、味方の走る速度を遅くしてしまうとか、敵からの攻撃に対する防御力を弱めてしまうような効果つまり負の効果をもたらすものを「デバフ」と呼びます。簡単に言えば、ゲーム内のミッション達成に資する効果をバフといい、ミッション達成を何らかの意味で阻害してしまうものをデバフといいます。

これは、オンラインゲームに限ったものではありません。多少、広義の使い方をすれば、たとえば、実際のサッカーの試合における観客の「声援」は、フィールド内のプレーヤーの士気を上げる効果が期待されるので、バフと言えるでしょう。あるいは、ディフェンダーの献身的なプレーなども、チーム全体に勢いを与えることになるので、バフになります。一方、観客の野次はデバフになるでしょう。

バフ／デバフの理解はこれで大丈夫でしょうか。

さて、この対立概念を使うと、先の「やさしさ授受問題」は、次のようにパラフレーズされます。

味方プレーヤーへの「バフ」として意図して為したことが、そのプレーヤーにとっては「デバフ」となる現象。

　なぜわざわざバフ／デバフ概念を紹介したかというと、バフ／デバフという観点から見た場合、「やさしさ授受問題」は起こり得ないはずだからです。

　ゲーム内部において、バフは必ずバフであり、デバフはデバフなのです。それが反転するなどということは起こり得ません。なぜなら、プレーヤーにとって例えば「攻撃力が増す」というのは「ゲーム内部では必然的に良いこと」だからです。仮に、足が速くなることがデバフ（負の効果）であるとするならば、そのプレーヤーは何らかのゲーム外の理由によってその試合に負けたいと思っているとか、「味方に腹が立ったから勝たせたくない」と思っている場合にしか起こり得ません。ですが、これは「ゲーム」という概念が禁じます。プレーヤーはゲーム内部では「ミッション達成を望む存在」でなければなりません。そうでなければ、ゲームが成立しません。ゲームの成立条件の中に、「ミッションを達成することは良いこと、あるいは目的である」という前提が含まれています。それはゲーム内部の「道徳」であり「規範」なのです。

　すると、一つの重要な帰結が導けます。


「良い／悪い」という観点は、あるゲーム内部でのみ確定する。

あらゆるゲームの共通の「良い／悪い」は存在しない。

善悪はゲームに依存する。

ここから簡単に導ける系 corollary はこうです。

もし、味方プレーヤーに差し出したバフが相手にとってはデバフになるという「バフ／デバフの反転」が起こるのならば、それは、同じゲームを営んでいない、ということになる。

つまり、何が言いたいかというと、差し出したバフ（やさしさ）がデバフ（ありがた迷惑）になるのならば、その2人は異なるゲームを営んでいる、ということになるということです。やさしさかどうかは受け取る側の認識次第だ、という安易な相対主義は生産的ではありませんし、事実でもありません。

事実はこうです。

同じ言語ゲームの中においては、やさしさはやさしさとしてたしかに流通する。同一のゲーム内部ではバフはバフであり、デバフはデバフである。

ただ実際上は、〝現代社会においては〟、他者と同じゲームを営むことがとても難しくなっているのです。

価値観の多様性が同じ言語ゲームを営むことを妨げる。

ただ、ここで重要なのは、価値観の多様性とは、大切なものの多様性のことです。

個性とは、「大切にしているものたち」の多様性のことだとするならば、それは「傷」の多様性とも言えます。もう一度「傷」の定義をみてください。傷とは、大切なものが誰かによって大切にされなかったり、自分自身がそれを大切にできなかったときに生じるものでした。大切にしているものが各々の主体ごとに異なっているのであれば、それによってもたらされる「傷」の形も一人ひとり違う、すなわち傷つきかたも人それぞれであり、多様であるということになります。わたしが携えている傷と、あなたの傷はまったく別物かもしれない。この認識、この節度がケアにおいては重要ですが、重要であるにもかかわらず、ここにケアの困難があるのです。わたしの傷を参考にして、あなたの傷を癒そうとする。しかし、そのケアがうまく機能するのは、わたしの傷／あなたの傷が同じ種類の傷である場合に限ってのことです。傷が違えば、施されるべき処置は異なる。だからこそ、どのような傷なのかを把握することからケアは始まると言えます。価値観の多様な現代とは、大切にしているものが多様である時代のことであり、それゆえ現代は傷の多様性の時代となるのです。個性とは「能力」のみによって規定されるのではありません。個性とは「傷の多様性」であり、傷の記憶がその人を形作る。

そして、過去の傷たちが、星座のように結び直されて、一つの個性となる。一人ひとり星座が違う。

かくして、やさしさはすれ違う。

さて、ではウィトゲンシュタインが提示した「言語ゲーム」という比喩、アナロジーはいったい何なのか?

第4章 心は隠されている？

僕らは人の心を摑み損ねる

僕らは他者の心を勘違いする。しかも、しばしば、あるいは頻繁に勘違いする。大切な人の心を読み損ねる。親子関係や恋愛においてそれは顕著に現れる。

しかし、親子関係も本来的にそこはケアの場のはずです。そして、それは恋愛においても。

僕らはケアしケアされるために、恋をし、惹かれ合う。

ケアが2人を特別な関係へと導く。

たとえば、『星の王子さま』の物語。

「僕」が6歳の時、ある本を読んで、そこに描かれていた猛獣を飲み込もうとしている大蛇ボアの絵を見ました。「僕は、ジャングルでの冒険についていろんなことを考え、自分でも、色えんぴつではじめて絵を描きあげた。僕の絵第一号だ。こんなふうだった」。

この傑作を、僕はおとなたちに見せて、「この絵こわい？」と聞いてみた。

すると答えはこうだった。「どうして帽子がこわいの？」

帽子なんかじゃない。それはゾウを消化している大蛇ボアだったのだ。それで僕は、おとなたちにもわかるように、ボアのなかが見える絵を描いてみた。おとなたちには、いつだって説明がいる。おかげで僕の絵第二号は、こんなふうになった。

（サン＝テグジュペリ『星の王子さま』7-8頁）

しかし、周囲の大人たちはこの絵の価値を認めてくれません。「僕」が人生で初めて描いた2枚の絵をまともに取り合ってくれませんでした。それはつまり、「僕」が大切にしているもの（＝傑作）を、誰も大切にしてくれなかったということです。大人たちは「なかが見えようが見えまいが、ボアの絵はも

サン＝テグジュペリ『星の王子さま』より。「僕」の絵第一号（上）、第二号（下）

う置いときなさい」、「それよりもっと地理や歴史や、算数や文法をやりなさい」と言うだけでした。

「僕は六歳にして、画家というすばらしい職業をめざすのをあきらめた。」

「諦める」というのは、大人のすることだと思えるかもしれませんが、むしろ大人の方が往生際が悪いように思えます。自分の考えや計画に執着して、頑なになる。子供のほうがずっと多くのものを諦めている。自分の大切にしているものを、みんなが大切にしてくれないから。

『星の王子さま』の「僕」は画家は諦めますが、それでも、自分の大切にしているものの価値を分かってくれる人の存在をどこかで信じていました。

僕はいつでも僕の絵第一号を持ち歩いて、これはなかなか冴えてるなと思う人に出会うと、実験してみたのだ。その人がほんとうにものごとのわかる人かどうか、知りたかったから。でも返ってくる答えは、いつも同じだった。「帽子でしょ」。そのあとは、僕はもう大蛇ボアの話も、原生林の話も、星の話もしなかった。

（同書、10頁）

このようにして、「僕」は「心から話ができる人」もないまま、大人になります。画家ではなく、飛行機の操縦士となって、サハラ砂漠に飛行機が不時着する、その時まで。ひとり不時着した砂漠で、「僕」は小さな王子さまと出会います。星の王子さまは「おねがい……ヒツジの絵を描いて！」と「僕」にお願いしました。しかし、「僕」は中が見えないボアと見えるボアの2枚しか描けません。それでもなお、「そんなの平気。ヒツジの絵を描いて」と懇願してきます。「僕」は自分が描ける唯一の絵を描いて見せました。そのとき、星の王子さまは驚くべきことを言いました。

「ちがうちがう！　ボアに飲まれたゾウなんていらないよ。ボアはすごく危険だし、ゾウはちょっと大きすぎる。ぼくのところは、とっても小さいんだ。ほしいのはヒツジなの。ヒツジの絵を描いて」
（同書、14頁）

画家になりたかった「僕」、絵（＝自分にとって本当に大切なもの）の意味とその価値を周囲に理解されずに画家を諦めた「僕」に、絵を描いて、と頼む星の王子さまが現れたのです。そして、何より重要で決定的なのは、星の王子さまが「僕」の大切にしているものを、寸分の狂いもなく、見抜き、言い当てた点です。いや、この表現では意図的なニュアンスが入ってしまい、正確ではないでしょう。星の王子さまには、その絵がただただ「大蛇ボアに飲み込まれたゾウ」に見えた。

このエピソードをもって、「僕」と星の王子さまのあいだには、関係が立ち現れ、この物語の続きのプロットが理にかなったものとなります。

言葉にしてくれないと分からない

特別な関係性だからケアが起こる、のではありません。あるときふと、偶然に、突然にケアが起こる。2人はそれに気づく。そして、そのケアが2人を結びつけ、互いが特別な存在であることを知る。
友愛も恋も、それはケアから始まる。そして、その友愛と恋の認知はいつも必ず遅れてやってくる。気づいたときにはもうすでに始まっており、また、気づいたときにはもうとっくに終わってしまっている。It's too late.
気づくのが遅かったと僕らは日々後悔します。もっと早く気づいていれば、と。しかし、気づくという契機はいつだって遅く、遅れてやってくるのです。それが「気づく」という語の文法に他なりません。だからすべての発見は「そうだったのか」と過去形で語られることになるのです。

そして、だからこそ、僕らはこんな風に他者との関係性を嘆くことになります。

言葉にしてくれないと分からない——。

何を考えているか、何を思っているのか、それをきちんと言葉に変換し、翻訳してくれないと分からない、と。

ですが、僕らが生きている心地を感じることができたり、その他者を信頼することができたりするのは、「十全な言葉で心を切り取ることができず、適切にプレゼンテーションできていないにもかかわらず、分かってもらえたと感じる」ときではないでしょうか？

それはあたかも「沈黙を聴かれてしまった」と感じてしまうような出来事です（「沈黙を聴く」というのは、第1章で紹介したBUMP OF CHICKENの歌詞にあった表現です）。

逆に、もし、僕らの日常のコミュニケーションが、心を隅々まで言語化し、相手にその通り分かってもらうことを目指したり、自分の希望を輪郭のはっきりした言葉で語り、その通り動いてもらうことであったとしたら、それは、レストランでの客としての「注文」と何が違うというのでしょう。店でのオーダーというコミュニケーションの場合、相手は、私のことを深く理解する必要などありません。なぜなら、その「私のこと」は私が責任を持って明確な言葉にする必要があるからです。

相手が誰であっても成立するコミュニケーション。

もちろん、それがどこか楽であり、安心できるものになるときもあるでしょう。私が何者であるかを問われない空間。ただひたすら機械的に処理してくれるシステム。ですが、現代の文明の中ではそのような場面が多すぎるのではないでしょうか。

あなたが何者であっても別に構わない。システムはあなたのパーソナリティ、来歴、思考の癖、記憶、感情、そんなものは考慮しない。

日常をやり過ごすにはもってこいかもしれません。とてもドライで、簡便で、効率的なシステム。

ですが、それは見ず知らずの他人との間の関係性です。

僕らは重要な他者を必要としている。

とてもウエットで、どうしようもなく面倒で、あまりに効率の悪い、有用性とは無縁の間柄。そのような他者に向けて、「言わなくても、分かってもらいたい」という不合理な思いを抱くのでしょう。

自分の心をうまく説明できないけど、それでも理解しようとしてもらいたい。

人は皆、大蛇ボアの絵と同じように「誰にも分かってもらえない絵」を携えて生きてゆく。

いつか、どこかで、自分が密かに大切にしてきたものの価値を分かってくれる人との邂逅を祈りながら。

システムには倒錯はない

そもそも、なぜこんなとても面倒で、倒錯した思いを抱くのでしょうか。

それは、前章で見たとおり、信頼というものが「不確実性」という大地に根を下ろす心の動きのことだったからです。信頼という契機には「にもかかわらず」という倒錯した迂回が必要でした。

それに対し、レストランやコンビニでの注文において、不確実性は存在しません。それは完璧なシステムだからです。「システム」という概念には例外は存在しません。もちろんそこには、不完全さも曖昧さも、およそ人間的な判断を必要とする局面は存在しません。これは現実のシステムの話ではもちろんありません。システムという理念はそういうものだということです。システムを設計するとき、わざわざ倒錯をプログラムしようとはしません。意図せず「バグ」が発生することはありますが、最初からバグを仕込ませることは定義上、できません。意図的に仕組まれたバグはバグではなく「仕様」です。したがって、システム内部では「にもかかわらず」という転倒は排除されます。

システムがその内部の人間を動かすルールをまとめたものが「マニュアル」と呼ばれます。「客が○○した場合には、××として対処すること」「清掃に関しては、次の手順で行うこと」。あたかも詰将棋のように、想定される状況が列挙され、それに対する「次の一手」つまりオペレーションが明確に規定されているはずです。仮に客が「想定外の一手」を指したとしたら、現場は混乱するかフリーズします。その場合、糾弾されるのは、現場の従業員ではなく、マニュアルの策定者、システム設計者です。なぜなら、マニュアル策定者、システム設計者がそのゲーム、そしてゲームのルール、つまり盤面と駒（およびその駒に関する規則や禁則）を作り上げたからです。客の、その「次の一手」を予測し、想定してシステムを組み上げなかったことに対する責任があります。製造物に対する責任とそれゆえの権威。

ゲームにおける神の視点

ウィトゲンシュタインは、僕らの言語的コミュニケーションを「チェス」などのゲームに擬《なぞら》えて、「言語ゲーム」と呼びました。これは理論ではなく、一つのアナロジーです。つまり、僕らの日常の会話をチェス、将棋、カードゲーム、あるいはスポーツゲームに一旦置き換えて考えてみよ、と促します。

「語とは何か」という問は「将棋のコマとは何か」という問と完全に類比的である。
（ウィトゲンシュタイン『哲学的考察』第18節）

ウィトゲンシュタインの主張はこうです（なお、引用は『ウィトゲンシュタイン全集』の邦訳に従って「将棋」となっていますが、原文では「チェス」のことです）。例えば、将棋に関して、将棋のルールを知らない人から「飛車」って何？「飛車」は何を意味しているのか？と問われたとき、その飛車の駒の材質や形状を指差して「これのことだよ」と説明する人はいないはずです。仮に「この駒が飛車である」と目の前で見せながら説明したとしても、それは「飛車」という意味の説明にはなっていません。指差しながら「これが○○である」と定義することを、直示的定義と呼びますが、僕らは「語の意味は指さすことによって示すことができる」と思ってしまっています。直示的定義によって、語の意味を伝えることができる、というのは僕らの常識的な言語観（そして、言語が仕掛ける哲学的罠）とも言えるでしょう。例えば、「スマホって何？」と幼い子供に尋ねられたとき、「これだよ」と見せれば子供が理解できるように思えます。

ですが、これだけではその子供は「スマホ」という語を使いこなせるようになっていません。例えば「スマホ」という語を「画面上で操作できるもの」と誤解した場合、その子はタブレットやパソコンも「スマホ」と呼ぶかもしれません。

そうではなく、一般に、僕らが「ある語の意味を理解している」というのは、生活のさまざまな場面でその語を使うことができるということそのものにあります。そして、生活の中での「語の使用」というのは、単に発話だけに限りません。「パパのスマホ、持ってきて」という発話に対しては、言葉を返すのではなく、実際に「持ってくる」という行動によって、応答するでしょう。ウィトゲンシュタインが僕らのコミュニケーションを言語ゲームと呼び、ゲームという比喩を用いたのはまさにそのような意図があってのことです（ちなみに、日本語では言語「ゲーム」が定訳となっていますが、ウィトゲンシュタイン自身はドイツ語のSpielという語を使っており、英語でいえばplayに相当する語です。それゆえ「演技」や「遊び」あるいは「劇」「芝居」という含意もある語になっています）。

これと同様に、「飛車」の意味も、将棋というゲーム全体の中で飛車はどのような動きが認められているのか、どのような役割が与えられており、どのような局面で活躍するのかといったものとなります。そして、ある場面で飛車をある一手として打つことによって、相手プレーヤーが次にどんな手を返すことになるのか、相手にどのような返しを促すのかを示すことによって、意味が理解されていくのです。将棋やチェスの駒の意味と同様に、言葉の意味とはその使い方、行動や実践を含む使われ方にあり、ある発話という一手に対して、次の一手はどう返すことができるのか、どんな一手が促されているのか、という点にあるのです。

さて、そうすると検討すべき問題が見えてきます。先ほど、僕らのコミュニケーションにおいては、不確実性が重要である、と述べました。しかし、僕らの言語的活動が将棋やチェスと完全に類比的であるとするならば、なぜ「何を考えているか分からない」であったり「他人の心は分からない」という感覚を持つのでしょうか。将棋の駒の動かし方の中に、不確実なものは存在しません。「これは一体どういう意味なのか」と感じるのは、ルールが分からないという意味ではありません。将棋やチェスはゲームのルールが時々刻々変化していくゲームではありません。ルールが変更されるのであれば、それはもはや別のゲームとなってしまいます。あるゲームが同一のゲームであり続ける限り、そのゲームの中に、どのようなルールなのか分からないという意味での不確実性は存在しません。

すると問題はこうです。

「心が隠されている」という描像はどこからやってきたのか？

「心は隠されている」という主張は一体どのような主張であり、また、それは果たしてどのような意味において正しいのでしょうか。

星の王子さまの大蛇ボアの絵のように、外的に現れるコミュニケーションの裏に、何かが隠されているゲーム。

例えば、ポーカーやババ抜き、あるいは麻雀のようなゲーム。

ここは確かに「相手の手を読む」や「相手の心を読む」という表現が自然に用いられる場面です。

考えや心の読み合い。心理戦。

相手の意図を読み取れるプレーヤーは勝ち、自身の思考や手札、配牌がバレてしまったらプレーヤーは負ける。

相手のカードの切り方、牌の捨て方や並べ方がランダムで、どんな手を完成させようとしているのかが見えない時、「相手は今何を考えているのか？」と不安になる。

他者の心は、こちらからは見えない向こう側の手札、配牌にある。

ここです。ここに僕らの心に関する哲学的な罠があるのです。

「こちらからは見えない向こう側」

ポーカー、ババ抜き、麻雀であれば、その向こう側を見ようと思えば見ることができます。

簡単です。

相手の後ろ側に回り込んで、手元を覗き込むだけでいい。これまで隠されていた相手の意図すなわち心は、手札の組み合わせ、配牌と捨て牌の中にある。文字通り、立ち位置を変え、視点を変えることによって、手札、配牌つまり相手の心を余す所なく見ることができます。

あるいは、ゲームを中止して、「で、ところで今、手持ちのカードはどんなものだったの？」と互いに手札を公開することもできます。「ああ、そういうことだったのか」と知ることが可能なのです。カードをテーブルの上に公開するだけで、何を狙っていたのか、さっきの手はどのような意味を有していたのかが共有可能なのです。

テレビ番組の企画で、麻雀などの心理戦が展開されるゲームの模様が配信される時、カメラは各プレーヤーの後ろから、一部始終を捉えます。それによって視聴者は戦況が刻一刻変化していく様子を楽しむことができるわけです。重要なのは、このカメラすなわち視聴者の視点はいわば、そのゲームにおける「神の視点」だということです。

彼女には見えていないが、私には彼の手が分かる、もちろん彼女の手も。

これが神の視点です。

神はゲームに参加することなく、ゲームを任意の視座から観戦することができる。というよりも、ここで指摘すべきなのは、このような各プレーヤーの視点に立つことが可能な存在者（神）は、神であったとしてもこのゲームには参加できないという点です。いや、神であるからこそ、このゲームに参加することができない。なぜなら、たしかに「ゲームの外部」であれば物理的にはプレーヤーの手札を見ることができますが、それは「ゲームの内部」では禁じられている。これはいわばゲーム的不可能性と言えます。神であってもゲーム内部に侵入した瞬間にその全知全能性が剝奪される。しかし、神はゲームの外部からそのゲーム内部をモニターすることはできる。あるいは、神はそのゲームを破壊する権能を有する。なぜなら、神なるポジションの主体がゲームに入り込んだ途端、ルールが無意味になってしまうからです。ポーカーでは、そのゲームがポーカーであり続ける限り、ゲームのルールによってプレーヤーは相手の手を見てはならない。というか見ることができてはならない。なぜなら、試合の模様を映すカメラの視点にいる主体がゲームに参加した途端、ゲームが変わってしまうからです。「いかさま」はあり得るのではないか、と思うかもしれませんが、いかさまがいかさまであるにもかかわらず、それでもゲームが元のゲームのまま進行するためには、相手プレーヤーや他のプレーヤーあるいはジャッジやレフェリーの目を欺かなければなりません。つまり、神はゲーム内部では人間のふりをしなければならないのです。神はゲームの内部では、神であるとバレてはならない。バレてしまったら、もはやゲームを続けることができません。

だから僕らは神懸かった出来事を「奇跡」と呼び、その反対を「絶望」と呼ぶのです。奇跡も絶望も、ゲーム内部では決して起こるはずのなかったものたちです。それゆえ神はこの語の文法上、奇跡そして絶望を引き起こす。神だから奇跡を起こす、というのではなく、奇跡が起こったときに遡及的に神の御業だったことになるのです。つまり、起こるはずのないことが生起したときに、その事象の顚末を合理化し、把握するために「神によって為された」「神が現れた」といったように物語化することになるのです。

物語はゲーム外部からの闖入《ちんにゅう》を合理化し、僕らの言語内部に再び組み込むために語られる。そして、その物語は「だったことになる」という形式を有する。

「隠された心」はあるか？

さて、問題となるのは「こちらからは見えない向こう側」という表現でした。

ポーカー、ババ抜き、麻雀であれば、ゲーム内部では他者の内なる狙い、思考は分からないが、ゲーム外部に立つ可能性が残されていました。つまり、そこには「公開され得るもの」がありました。では、「痛み」あるいは「悲しみ」の場合はどうでしょうか?

言語ゲームとしての一場面を考えてください。僕らが把握できるのは、そのひとの外面的な振る舞い、行動、表情、発話などです。というか、そういった外から観察可能な面だけが僕らの受け取ることのできるものです。それはいわば、ババ抜きでこちらが引いた相手のカードや、麻雀での相手の捨て牌です。当人以外のプレーヤーが目にすることのできるものはそれらだけです。この場合にも、相手の隠された手札、配牌があると僕らは暗黙裏に想定していないでしょうか?「隠された心」として。

ですが、「隠れている」という概念は、「いつか露呈する」や「探すことが可能である」や「見つけようとすれば見つけることができる」ということが想定されていなければ成立しません。

「この箱の中に心が入っている、でも箱の中を見ることもできないし、揺さぶってみて音がするとかも確認することができない、それでもこの箱の中に心が入っている」。

こう言い張る人がいたとして、この人はこの言明で一体何を意味しようとしているのか、僕らには分からない。当然、僕らはこの人にこう聞くでしょう。

「直接見たことも、触れたこともないのに、なぜ箱の中に何かが入っていると思うのか」と。いつか見つかることもなく、探すこともできないにもかかわらず、何かがあるという主張をする人は、それは一体何のことを指していると言えるのか。端的にそのようなものはない、というべきではないでしょうか。

ウィトゲンシュタインはこの「実体化した私秘的な心」という描像を批判する文脈で、印象的な思考実験を提示します。

もし私が自分自身について、「「痛み」という言葉が何を意味するのか、私は自分自身のケースだけから知る」と言うなら、――他人についてもそう言わなければならないのではないか？　――だが、いったいどのようにすれば一つのケースを、こんな無責任な仕方で一般化できるのか？

それでは、全員が私に、自分は痛みが何なのかを自分自身のケースだけから知る、と言う場合を考えよう！　――全員が箱を持っていて、その中に我々が「カブト虫」と呼ぶ何かが入っているのだとしよう。誰も他人の箱の中を見ることはできない。そして全員が、自分はカブト虫が何なのかを自分のカブト虫を見ることのみによって知る、と言う。――確かにここでは各人が箱の中に違うものを持っているこ

> ともありうるだろう。それどころか、そうしたものが絶えず変化し続けていると想像することすらできるかもしれない。――だが、それでもこの人々の「カブト虫」という言葉が使用されているとしたら？――その場合それはものの名として使われているのではないだろう。箱の中のものは、そもそもこの言語ゲームにまったく属していないことになる。あるものとしてすら属していないことになる。なぜなら、箱は空であっても構わないのだから。――そう、属していないのだ。この言語ゲームは箱の中のものによって「約分できる」のであり、それはどのようなものであったとしても言語ゲームから消え去るのだ。
>
> 　つまり、もし我々が感覚の表現の文法を「対象と名」というモデルに即して作り上げるなら、その対象は無関係なものとして我々の考察から外れてしまう、ということなのだ。
>
> （ウィトゲンシュタイン『哲学探究』第２９３節）

　ここで注意すべきは、「心なるものは存在しない」と主張しているわけではないという点です。心がない、というのではなく、僕らが日常の中で素朴に信じている、隠されたうちなる心という実体は、僕らが使っている「心」という語の誤用だという指摘なのです。

僕らは「心」という言葉を間違って使っている。

ウィトゲンシュタインはそう診断したのです。

真偽の確定ができる文とできない文

僕らはある語はある実体と紐づけられると信じている。そして、それこそが言語の本質的機能だとも思っている。

言語使用の典型的な場面を考えてみます。

例えば「冷蔵庫の中にプリンがある」という発話。

この文はどのような機能を有しているでしょうか？

現実を描写すること、それを伝達すること。ここには正しいか間違っているか、つまり真偽という観点があります。「冷蔵庫の中にプリンがある」との報告を受け取ったひとは、この命題の真偽をどう確かめればいいかというと、実際に冷蔵庫を開けて、プリンがあるのかないのかを検証してみればいい。そして、「冷蔵庫の中にプリンがある」という文を理解するとは、そのようにして、真偽を確かめる方法を知っているということに他なりません。実際、「冷蔵庫の中にプリンがある」という文を理解しているか？　と疑われたとしたら「何言ってるの？　分かっているに決まってるじゃないか」と訝しく思い、それでも相手が食い下がってきて、「本当に分かっているのか？」と詰問してきたとしたら、冷蔵庫のところまで行って「これのことだろ」とプリンを確認するのが一番確実です。文の意味を理解しているとは、その文の真偽を確定させる方法を知っていることです。

では、「彼は今、歯が痛い」という文についてはどうでしょうか。

この場合、一体何を確かめればいいのか。僕らが確かめることができるのは、彼の外面的な振る舞いだけです。痛みそのものは彼だけが感じるものであり、僕らが手にすることができるのはその「間接的な証拠」のみです。そして、一切の客観的な証拠がなかったとしても、彼は痛みを感じていることを想定可能です。外からのあらゆる医学的観察によって、痛みの証拠が発見されなかったとしても、「いや、あなたは痛くないはずだ」とすぐに断定してその人を放置することはないと思います。つまり、その場合であっても、何らかの対処（ケア）を為そうとするはずです。「仮病」や「詐病」というのは、たしかにあり得ます。ですが、その場合にも、例えば「学校に行きたくないから」という判断が可能になるのは、本当に痛みがないことを確認できたからでは決してありません。そうではなく、その痛みを偽ろうとしている主体を取り巻くさまざまな状況や過去の振る舞い、人物像を元に、総合的に（星座的に！）勘案した結果、そこに痛みはない、と判断されるのです。あるいは、これから起こる出来事との関連の中で、「仮病だったことになる」というように遡及的に真偽が構成されるのです。

だとすれば、「痛み」という語は、彼の今この瞬間の痛みそのものを指し示してはいない、と結論づける他ありません。「彼は今、歯が痛い」は無時間的な意味での真偽を持たない文であると言わざるを得ないのです。

なぜなら、先ほどのポーカーやババ抜き、麻雀のように、手札や配牌を見ることが原理的に不可能だからです。ウィトゲンシュタインの思考実験で登場した「箱の中のカブト虫」です。

「痛い」という語は、そのひとの痛みそのものを指し示してはいない。語は、その語と一対一に紐づけられるような実体を指差してはいない。

これは内的な心に関する言語表現一般に適用されるテーゼです。ウィトゲンシュタインは次のように述べます。たとえば「期待する（＝待っている）」という語について次のように論じています。

Aが四時から四時三十分までの間、Bが自室にくるのを待っている《エクスペクト》、このとき何がおきているだろうか。「四時から四時三十分まで何かを待つ」という句が使われるときのこの句の意味の一つでは、この句が指しているものはその時間中持続している特定の一つの心の過程とか一つの状態とかではないことは確かである。指しているのは、非常に多くのさまざまに異なる心の働きや状態である。例えば私がBがお茶に来るのを待っている際に起きていることは次のことである場合も、あ、る、。四時に私は自分の手帳を見て今日の日付けの所に「B」の名を見る。私は二人分のお茶を用意する、そして、一寸、「Bは煙草をすったかしら」と考えて煙草を出しておく、四時三十分に近づくにつれてそわそわしだす、Bが私の室に入ってくるときの彼の様子を想像する。このすべてが「四時から四時三十分までBを待っている」と呼ばれるのである。この過程の模様変えは無数にあり、それらすべてがこの同じ句で描写される。［では］誰かをお茶に待っている種々様々な過程に共通にあるものは何だと尋ねられれば、答、それらすべてに共通な一つの特性というものはない。ただ互いにダブリあっている多くの共通な特性があるが。期待のこれらの事例は一つの家族を作っており、はっきりとした境界のない家族的類似性を持っているのである。

（ウィトゲンシュタイン『青色本』49-50頁）

ここでは、ある人物が自室を訪れることを予期し、期待するという状況が語られています。そして、「待っている《エクスペクト》」はある単一の心的状態に貼られたラベルとしての語ではなく、手帳を見る、お茶を用意する、煙草を出しておく、そわそわしだす、といった、複数の（あるいは無数の）描写を引き受けうることが指摘されています。あたかも、劇の中の演技のようだと思えないでしょうか。「待っている」のシーンを演じてみよと言われたら、これらのふるまいを行うのではないでしょうか。ウィトゲンシュタインはそれを「家族的類似性」と呼びました。

言葉は出来事と行為を圧縮する。

手帳を見る、お茶を用意する、煙草を出しておく、そわそわしだすといったさまざまな出来事がすべて「待っている」という一つの語に圧縮されてしまうのです。裏を返すと、「待っている」という語は、多種多様な劇の「タイトル」と言えます。

無数の文脈が圧縮されている

あるいは、文であっても同様です。

「そう言い終わってから彼は、前の日のように彼女のもとを立ち去った」――私はこの文を理解するか？　私はそれを、ある報告の中で聞いた時のように理解するか？　もしここでこの文が孤立しているのなら、何のことかわからないと私は言うだろう。それなのに私は、この文をどのように使えばよいのかはわかるだろう。私は、この文が使われる文脈すら考え出せるだろう。（これらの言葉からは、よく知られた一群の小道があらゆる方向へと延びている。）

（ウィトゲンシュタイン『哲学探究』５２５節）

「そう言い終わってから彼は、前の日のように彼女のもとを立ち去った。」という文は、さまざまな状況において使用される一手ということです。この発話は、さまざまな言語ゲーム、さまざまな劇の中で使用可能なセリフであり、このセリフは、この劇の、このシーンでしか使うことが許されない（このシーンでしか有意味にならない）というものではありません。だからこそ、舞台上で、前後のシーンが一切なく、役者がいきなり「彼はそう言い終えると、〜」とだけ言ったとしても、それが何を意味しているのか観客の僕ら（あるいはこの役者の共演者としての相手）は理解できないわけです。重要なのは、この文が、日本語という通常の文法にはきちんと則っている文だということです。日本語文法としては何も間違ってもいないし、不明な点がないにもかかわらず、この文の意味が理解できないのは、この文がどのように使用されているのか、この文の発話によって、次のどんな一手が促されているのかが分からないからです。ウィトゲンシュタインはこのようなある語、ある文の使われ方を「文法」と呼びました。つまり、脈絡抜きにして、この文単独の意味は何かと問うことができないということになります。そこには無数の文脈が圧縮されているからです。

チェスの駒を盤面に「ただ闇雲に置く」だけではチェスのゲームをしていることにはなりません。では、チェスのルール、あるいは将棋のルールを身につける、把握するというのはどのようにしてでしょうか？　例えば、チェスのゲームを初めて観戦する、あるいは、初めて（とりあえず）やってみる場面を考えてみるとどうでしょう。

それは人生で初めて「愛」とつぶやく瞬間と似ている。あるいは「美しい」という語を。あるいは、人生で初めて誰かを好きになったときの、この「好き」という言葉を。

この言葉の意味が分からない、使い方が分からない、でも今、ここでこの言葉を使用する（＝次の一手として指す）ことが相応しいような気がする。

おっかなびっくり。

相手の反応を見ながら、相手がちゃんと「次の一手」を返してくれるかどうか不安に感じながら、ためらいの中でとりあえず「愛」とか「美しい」と言ってみる。「…そうかもしれないね」と返ってきたとすれば、どうやら適切な一手を打つことができたことになります。ウィトゲンシュタインはそのようなある語の「一手の指し方」の規則を「文法」と呼びました。

「知る」という言葉の文法が「できる」や「する能力がある」といった言葉の文法と密接に結びついていることは明らかである。だがそれは同時に「理解する」という言葉の文法とも密接に結びついている。（ある技法を「マスターする」こと。）

（ウィトゲンシュタイン『哲学探究』第150節）

例えば、「車の運転の仕方を知っている」と言う人が、「いや、運転の仕方を知っているだけで、運転はできない」と言うとしたら、僕らは矛盾していると思うでしょう。あるいは、「それは知っているとは言わない」と訂正を迫るはずです。これは「彼のことを知っている」という場合にも同様です。それは、彼はヘビースモーカーだからとそっと「灰皿を出す」とか、彼は繊細な人だから何か重大なことを伝えるときには「タイミングと言葉を選ぶ」とか、とても嘘をよく見抜く人だから信頼されるためには「ストレートに言う」というように、各々の場面での対処がきちんとできる、という点をもって「彼のことを知っている」という表現で圧縮されるのです。

なぜ心を読み間違えるのか？

一言で言えば、知識とはすべてノウハウ knowing-how である、ということです。無数のノウハウ（無数の次の一手）が圧縮されたものを知識と呼び、知識があるか否かは実践を通して徐々に承認されていくというメカニズムなのです。

言語による無数の出来事と行為の圧縮。

それゆえ、僕らはいつも重大な場面で「あなたの心」を読み間違える。そのシーンが位置付けられる全体としての「劇」を間違える。言語ゲームを見誤る。

これは偶然ではありません。

なぜ僕らは抜き差しならない場面でこそ、あなたの心を読み間違えるのか？

ウィトゲンシュタインはこんな指摘をしています。

もしも表情や身振りや状況がどれも一義的であるなら、そのときには内面が外面であるかのように思えるだろう。我々が外面を読むことができない場合にはじめて、内面が外面の裏に隠されているように思えるのである。

（ウィトゲンシュタイン『ラスト・ライティングス』363頁、強調引用者）

アンビバレンス。葛藤、そして矛盾。一義的でないとは、そのようなものでしょう。ウィトゲンシュタインの主張は、一見すると、ごく自然な主張に見えますが、ここにある重要な認識上の逆転が含まれています。

僕らは普段、内面が隠されているから心を読むことができない、と考えています。しかし、ウィトゲンシュタインはそうではない、と言っているのです。内面が隠されているから心が分からないのではなく、外面の、つまり振る舞いの意味が分からないときに、心が隠されているように思えると指摘しているのです。アクセスできない、隠された内面だから分からないのではありません。そうではなく、その振る舞い、表情、ＬＩＮＥで送られてきたメッセージ、あの時の一言などが位置付けられる劇全体が見通せないがゆえに、それがどのような劇（言語ゲーム）なのかが分からないということなのです。それゆえ、「心が分からない」というのは、その劇の中での正しい応答が分からないという意味だったのです。第1章の最後の方に、心は星座としてあると述べたものの言い換えでもあります。

外的振る舞いの意味が見通せないような状況、つまり私が出すべき「次の一手」が分からなくなるとき、その逸脱的振る舞いこそがその他者を知るための最大のヒントなのです。逸脱にその他者の心が示される。目の前の他者の言語ゲームが見えなくなる時、つまり、その他者の一挙手一投足が位置付けられている劇が分からなくなるその瞬間に「心」がその姿を顕す。その証拠に、劇が、つまり言語ゲームがこちらの予測や想定の通り運行していく時には、「この人は一体何を考えているのか?」であったり「何を思い、何を感じているのか?」といった内面の想定は発生する余地がありません。まったく別の劇が始まってしまったような気がする時に初めて「それはどういう意味?」や「どういうこと?」という疑いが生じるのです。

これまで進行していた劇から逸脱して、予期していなかったまったく別の劇が始まっているように感じられる時、僕らは「心」という語を使用する。「心」という語の文法(言語ゲーム内での使用方法、使用規則)は、熟知しているはずの劇から未知の劇への移行、遷移の瞬間にこそ示されるのです。そして、そのような劇全体の転換は、その主体の葛藤、矛盾によって起こる。劇が見通せなくなる瞬間には、それらがあるはずなのです。劇全体=星座が崩れる瞬間でもあるのです。「彼はそう言い終えると前の日のように彼女のもとを立ち去った」というセリフがこれ単独では意味を為さないのと同様に、星座は星々の関連性、全体性によって初めて存在します。劇が見通せなく、星座が分からなくなる、というのは、その主体を取り巻く、多くの出来事、記憶が相互に関連しており、その関連性が旧知のものではなくなってしまったことを意味します。

僕らのコミュニケーションに宿る不確実性とは、ある特定の言語ゲーム内部、すなわち劇の内部には存在しなかったのです。そうではなく、不確実性は別の言語ゲーム、別の劇のあいだにあったのです。ゲーム内ではなく、ゲーム間に見通せなさという不確実性があるのです。

それを傍証する事例を一つ紹介したいと思います。

心が分かるとは、星座を見出すこと

中学校1年生のある女の子が母親と共に、カウンセラーの下を訪れた。娘が髪の毛を抜いてしまう癖が治らず困っているという母親。このところ、その癖がひどくなっているという。カウンセラーは「抜毛症は悪いことだからやめさせよう」とはせず、「この子にとっては、何か大切な意味があることなのかもしれない」という思いをもって、接し、向かい合った。その中で分かったことがある。抜毛症は、逸脱的行為ではなく、彼女なりのSOS、救難信号だった。彼女は母親に甘えたかったのだ。しかし、下に妹がいて、自分はしっかりしなければならないし、心配をかけることもしたくない。「抜毛症」とは、そんなアンビバレントな心そのものだったのだ。

優等生で、しっかり者のお姉ちゃん。そんな彼女がおそらく初めてやった、親が喜ばない行動、親を心配させる行動が、抜毛だったのだろう。髪の毛を抜くときの痛みには、お母さんを喜ばせることができない「悪い子」である自分を罰する意味もあるのかもしれない。

（田中茂樹『去られるためにそこにいる』22頁）

その後、ある日彼女が母親に「一緒に寝てほしい」と頼んだという。母親にくっついて眠る日が続き、そこから2ヵ月ほどして、「もう治りましたので、今日で終わりにします」と母親から連絡がきた。

一見すると、抜毛症という症状は謎めいて見える。なぜそんなことをするのか、母親は理解に苦しみ、カウンセラーの下を訪れたのだろう。母には娘のその行為を治してあげたいというケア的動機があった。だが、娘を治し、救うためには、娘を知るという契機が必要だったのだ。たしかに、抜毛症という現象をその現象だけ孤立させて捉えたとしたら、それは我々大人の言語ゲームからの逸脱に見えると思います。次の一手が分からない。何をしてあげればいいのか分からない。しかし、彼女の生活全体、生活史、記憶といった大域的な視座の下に彼女の行為を位置づけたとしたら、その行為の相貌は一変します。その子が営んでいる劇全体を知ろうとすること。

心配はかけたくないが、心配してもらいたい。
甘えてはいけないのだが、甘えたい。

そんな矛盾から立ち現れたのが、自身の髪を抜く、という行為だったのです。その矛盾した行為そのものが彼女の心でした。その他者の生活全体に目を向ければ、自ずから、その行為が何を示しているのかが見えてくる。彼女を救うには、彼女の生活全体、言語ゲーム全体を想像しなければならなかったのです。

自分も甘えたいけれど、妹の世話や家事に忙しい母を助けるために、いい子になるしかなかったのだろうか。身長もお母さんと同じぐらいになってきて、もう抱っこはしてもらえなくなってしまったなぁ。妹はお母さんと眠るけれど、自分は一人で眠る、淋しいなぁ。「しんどい」とか「つらい」と私が言うと、お母さんは心配するだろうなぁ。

（同書、22頁）

彼女の矛盾した心は抜毛症という症状に圧縮されていたのです。その圧縮を解きほぐすと、抜毛症の「意味」は思っていたよりも遥かに広範に渡って広がっていました。

それゆえ、心を知る、心が分かるとは、星座を見出すことに似ている。その他者を主星とする星座全体を見通すこと。

しかし、僕らは他者をたった一つの星だと思い込んでしまう。

それは、先ほど述べた「待っている」という語、「彼はそう言い終えると前の日のように彼女のもとを立ち去った。」という文をそれ単独で取り出し、その意味は何か？　と考え込んでしまうことと同型的です。

心は確固たる輪郭を持ってはいない。心は星々をまとめ上げた星座のように、あるいは、空間に広がる雲のように、その輪郭はぼやけている。そして、そのぼやけた輪郭は時と共に変化してゆく。

それゆえ、「心が分かる」を為すためには、他者の放つ一つの言葉、一つの文を孤立させてはならない。そうではなく、僕らは言葉と文が織りなす「物語」を必要とする。「その他者が大切にしているものを知る」とは、物語を見出し、共に劇を作り出すことなのです。この抜毛症の女の子の事例はそれを示しています。

この章の最後に、もう一度考察してみたいものがあります。それは、第2章で紹介した、河合隼雄のカウンセリングにおけるエピソードです。「もし人間に『魂』というものがあるとしたら、そこだけを見ておられました」という言葉の内実です。つまり、魂を見る、とはどういうことかについてコメントしたいと思います

「魂を見る」とはその人にいかなる劇もいっさい期待することなく、その人と向き合う、ということではないでしょうか。

僕らは普段、誰かと相対したとき、その人の属性、肩書き、表情、雰囲気といった情報から、この人が位置付けられている劇はこういったものではないか？　と瞬時に前提してしまってはいないでしょうか。その人が展開してきた言語ゲーム、今展開しようとしている劇を予測して、対処しようと構えてしまっているのです。なぜなら、予測できない不確実なコミュニケーションを僕らは恐れるからです。

そうではなく、ある特定の劇を前提とせず、その人の前に立つこと。

それはすなわち、どのような言語ゲーム、どのような劇であっても驚かないことです。

何を語っても、どんな所作をしたとしても、驚かないこと、不安に感じないこと。少

なくとも驚きや不安を見せないこと。つまり、河合隼雄の「魂を見る」という技術は、今からあなたの「心」が語り出されるのをただ待っている、という応答だったのではないでしょうか。

第5章

大切なものは「箱の中」には入っていない

二つの言語ゲームが交錯する

前章で「知識とはすべてノウハウknowing-howである」と書きました。それと同時に僕らのコミュニケーション全般をウィトゲンシュタインに倣って「言語ゲーム」として捉え直し、言語ゲームとチェスとの類比性を述べました。しかし、日常の言語ゲームはチェスと完全に同じというわけではなく、あくまで類比的であり、言語はチェスとは異なり、ゲーム全体、ルール全体を見通すことはできない、という点（言語の圧縮性＝語の仕様の家族的類似性）も確認しました。

この点について改めて考えてみたいと思います。

というのも、この言語ゲームという描像にはある種の困難が潜んでいるからです。言語ゲームはいかなる瞬間においても、「誤解」や「勘違い」の可能性に開かれている。つまり、異なる二つの言語ゲーム、二つの劇が交錯してしまう場面があるのです。

どういうことか？

先日、こんなニュースを見かけました。

同居する高齢の母を自宅で低体温のまま放置し凍死させ、保護責任者遺棄の容疑で逮捕された62歳の男性の事件。その男性には別の場所で暮らしている兄がいましたが、生活上の問題や母親の介護について兄と話した際のエピソードとして、次のように語られています。

実家を訪れた兄に、玄関先で相談したことはある。兄は「立てなくなったなら車で病院でもどこでも連れていったる。いつでも言ってや」と答えた。ただ、大人1人が通るのもやっとの生活道路を車は通れず、家の中は狭くて段差も多い。車に乗せることすら難しいことは兄も分かっているはずなのに。逆に突き放されたような気持ちになった。

（47NEWS 2023年4月26日
https://news.yahoo.co.jp/articles/b48935480ee8ced12fd3d094a7b431526c83ec2c?page=2）

「立てなくなったなら車で病院でもどこでも連れていったる。いつでも言ってや」真意はわかりませんが、兄の側からすれば、これは「手助け」としての言葉だったのでしょう。ですが弟にはその「手助け」というゲームを終わらせる「最後の一手」として映った。第3章で指摘した、バフ（やさしさ）がデバフになってしまった場面です。バフとデバフの反転があるとするならば、その2人は異なる言語ゲームを営んでしまっている。

もう少し身近な例えはこんな感じでしょう。

皆さんはこの発話がどのような文脈、つまり、どのような言語ゲームの一場面に見えたでしょうか。

「大したことないよ」という一言。

職場の先輩と後輩。後輩が「この前の資料、うまく用意できなくてすみませんでした。プレゼンも失敗しちゃいましたし」と話しかけ、それに対し先輩が「大したことないよ。また次があるから」と返す場面の発話。

または、LINEで母の「最近腰が痛くてさ」に対して、心配性の母を煩わしく思っており、そこで投げかける「大したことないよ」。

あるいは、この心配性の母からの「最近腰が痛くてさ」に対して、慰めの言葉として応じようとして「きっと大したことないよ」というふうに「きっと」を付ける。これだけでもゲームの雰囲気は変わるはずです。逆に言えば、たかだか3文字の副詞「きっと」をつけ忘れただけで、これを言いそびれただけで、「私はあなたの心配性を疎ましく思っている」というメッセージとして受け取られ、言語ゲームを変質させる可能性もあるということです。

言語ゲームはいつだって、ある発話（ある一手）↓応答（次の一手）↓再応答（さらなる一手）↓…という安定性を破って、異なる言語ゲームへと分岐してしまう可能性をはらんでいます。

冒頭の事例から考えてみたいのは、言語ゲームの「輪郭」とでも言えるようなものについてです。

言語ゲームの内と外。同じ言語ゲームなのか、それとも異なる言語ゲームなのかという、ある一つの言語ゲームの「境界線」についてです。その境界線についての端緒が、第3章の最後に提示した言語ゲームにおけるバフ／デバフ概念の区別でした。

ここではもう一つ別の観点から、言語ゲームの輪郭を特徴づけると思われる論点を挙げます。それは、ゲームにおける「ペナルティ」という概念です。

言語ゲームがゲームのアナロジーを採用するのならば、そこにはペナルティという概念も含まれているはずです。そして、ペナルティこそが、あるゲームをそのゲームたらしめている。

だからこそ、劇＝言語ゲームという等式は完全には成立しないといえます。ウィトゲンシュタイン自身、「言語ゲーム」というものは明確な概念ではなく、僕らの言語活動の展望を与えてくれる一つの「比喩、アナロジー」であると語っています。たしかに、劇という比喩は「隠された心」という誤った描像と「心」という語の誤用を解明するには有効でしたが、僕らのコミュニケーションや相互の言語的関わり合いが「劇」というモチーフに完全に回収されるわけではありません。それゆえ、以下では「ゲーム」という比喩を再検討していきたいと思います。

ゲームにおける最大のペナルティ

さて、では、言語ゲームにおける最大のペナルティとは一体なんでしょうか。それはおよそゲームと呼ばれるものすべてを貫いて共通するものでなければなりません。そうでなければ、言語ゲームの輪郭を司る境界線とは言えません。

ゲームにおける最大のペナルティとは「ゲームの停止」あるいは「ゲームからの退場」です。これはスポーツ競技を考えてみればわかると思います。一番ライトなものは、注意あるいは警告です。イエローカード一枚。ペナルティ概念のポイントは、ペナルティの提示自体は一つ階層が上の言語ゲームだということです。

どういうことか?

これは例えば、審判が選手に注意、警告、イエローカードを提示する際、時計が止まっているということです。あるいは、サッカーや野球であれば、その時ボールは死んでいる状態（ボールデッド）です。その間はプレーが中断しているのです。だから、サッカー選手たちはその間に水分補給をしたりするのです。水分補給はサッカーのゲーム内には含まれていません。反則があった場合、サッカーではプレイオン、野球であればボールインプレイの状態が停止し、それまで滑らかに進行していたゲームが滞るのです。したがって、ペナルティが宣告される場面はその言語ゲームには属していないのです。

そして、累積したイエローカードあるいはレッドカードという場合には、退場が宣告されます。あるいは無効試合であったり、出場資格の停止、ライセンス剝奪という、ゲーム参加に関する、長期もしくは永続的な禁止が最上位のペナルティとなります。

これは、およそ「共同体」と呼ばれるあらゆる構造体の内部で見られるメカニズムです。

例えば、高校や大学であれば退学処分があり、企業や組織であれば最大の懲戒処分は解雇処分です。これらはいずれも、共同体内部からの追放を意味しています。現代においてはそれに加えて「BANする」という表現もあります。オンライン上のサービスにおいて、悪質なアカウントに対する最大の制裁は、アカウントの停止すなわちBANです。最も小さな共同体、すなわち「あなたと私」の間でも、同様の構造があります。友人関係、恋愛関係、さらには親子関係においても、最もドラスティックな変化は「縁を切る」というものです。これは「もはやあなたとはこれまで続いてきた言語ゲームを終わりにします」という宣言に他なりません。

そして、文字通りこれらは「最後の一手」なのです。重要なのは、それが「空間的」な追放というよりは、言語ゲームからの追放であるという点です。（社会的）排除とは空間的な締め出しのことではなく、言語ゲームからの疎外のことなのです。疎外すなわち同じ言語ゲームに参加させず、もはやプレーヤーとは見なさず、相手の一手に何も応じないという対応（対応しないという対応）を指すのです。

逆に、言語ゲームにおける最大の報酬は、そのゲームをこれからも続けることができることそれ自体にあります。例えば、高校野球の甲子園大会を考えてみてください。みなさん、思ったことはないでしょうか？　賞金がもらえるわけでもないし、仕事でもないのに、なぜ高校球児たちはあれほどまでに野球に情熱を燃やすことができるのか、と。

彼ら高校球児は一体どのような恩恵を受け取っているのか、何を目指しているのかというと、「勝てばまだこのチームで試合を続けることができる」ということそのものです。箱根駅伝もそうです。往路優勝、復路優勝、総合優勝だけでなく、ランナーたちにとっては「シード権」の獲得も大きな目標の一つです。シード権を得るといったい何を得るのか？　それは来年の出場権です。つまり、箱根駅伝というゲームに参加する権利のことであり、プレーヤーとして承認されることそれ自体です。そもそも、駅伝というゲーム自体がタスキを次に繋ぐことによって、ゲームをまだ続けることが許可され承認されるというルールを採用しているゲームです。

言語ゲームのプレーヤーは全員、このゲームを続けることを志向している。それがプレーヤーであることの本質です。ゲームを続ける意志のないプレーヤーはプレーヤーという概念上、プレーヤーという資格を失っている。そして、だからこそ、バフ／デバフという概念が成立し、同一ゲーム内ではバフは必ずバフであり、デバフは必然的にデバフだったのです。

したがって、言語ゲームとは自己目的である、と言えるのです。

ケアとは言語ゲームを続けること

排除と包摂の構造によって、言語ゲームはその輪郭を顕わにする。裏を返せば、チェスやサッカーといったルールを公認の規則集としてまとめ上げることができるゲームは、確かにその「規則、ルール」がゲームの内外を決定しますが、そうでなく、僕らの日常のやりとり、親子間のコミュニケーション、恋愛において「付き合う」という言語ゲームのような、明確なルールブックが存在していないゲームにおいては、排除／包摂という観点によって、徐々にゲームの規則が立ち上がっていき、遡及的にあたかもそこに最初から規則、ルールがあったかのように見えるのです。

つまり、ルールが先にあるのではなく、排除／包摂、言い換えれば、疎外／同調（シンクロ）よって、あなたと私の〈あいだ〉が形成されていくことになります。

だとすれば、ケアとは、言語ゲームを続けることそれ自体とも言えるのではないでしょうか。なぜなら、言語ゲームの停止とは関係性からの排除の別名であり、その逆に、言語ゲームに招き入れること、招き入れてもらうことが「包摂（インクルージョン）」だからです。もちろん、本人の思いを無視して、その言語ゲームを権力の側（親、教師、ステイクホルダー、物理的・社会的な力が強い者）が強制することはケアから遠いものであることは間違いありません。この「言語ゲームの強制」という論点は、第7章で「叱る」という行為の概念分析を通して再検討します。そして、押し付けられた言語ゲームへの抵抗・逸脱こそがセルフケアである、という主張が第8章で提示されます。

疎外／同調によって、関係性が形成され、遡及的にルールがルールとして構成される。それゆえ、僕らの日常のコミュニケーションという言語ゲームは、チェスのようにそのルール全体を見通すことのできる確定的なゲームとは異なり、so far so good（今のところ順調）すなわち「一寸先は闇」というゲームなのです。同じ言語ゲームを続けていると思っていたら、ある瞬間、相手が予期せぬ手を打つ。その時、言語ゲームが変質する。本章冒頭の兄弟のあいだのコミュニケーションはそのようなすれ違いの事例だったのです。

言語ゲームには文法がある

ここにおいて、チェスやポーカー、麻雀、あるいは野球、サッカーは一つのアナロジーとしては十分に優秀でしたが、僕らのコミュニケーションの端から端までがすべてチェスのようなルールの確定的なゲームではないという点において、このアナロジーはあくまでアナロジーだったということになります。

言語ゲームは、私とあなたの間で、いまここで、作られつつある。

しかし、そのゲームは全くの無秩序ではなく、そこには「文法」がある。そして、文法があるからこそ、逸脱が「露呈」する。そこに心が在る。ウィトゲンシュタインは次のように指摘します。

「意味とは表現の心的付随物ではないのである。

（…）

――チェスをやるとき或る人が白のキングに紙の冠りをかぶせる。それでその駒の動きに変りはないのだが、私に言うには、その冠りはそのゲームで規則に表現できない或る意味を彼にもっているのだ、と。私は答える、「それで駒の動きが変るのでない限り、私はそれを意味とは呼ばない」（ウィトゲンシュタイン『青色本』151頁）

ウィトゲンシュタインが指摘したいのはこういうことです。言語ゲーム内に何らかの外的変化、振る舞いの変化、こちらの応答を受容する／拒否するといった、想定を裏切るような出来事が後続しないのであれば、どれほどその人が心の中である言葉や行為に特別な意味を込めていると主張しても、それは意味をなし得ない、ということです。身近な思考実験に置き換えてみれば、こうなります。

彼女は本当は激しい痛み（あるいは強い悲哀）を感じているのだが、それが外見上、一切露呈しない、という想定は「痛み」（あるいは「悲哀」）という語の正しい適用になっているか？　という問いです。先のウィトゲンシュタインの指摘に合わせて、主語を変えてみましょう。

私は実は今、激しい痛みを感じているのだが、それは私たちの言語ゲーム（うめき声を上げる、血圧が上がる、その場でうずくまる、患部を手で押さえる、仕事を休む、あるいは相手の応答として、気遣う、労う、手当する、医師の受診を勧める等）には回収されない痛み、そういった対処（＝応答）とは何ら関係のない痛みなのだ、と言ったとします。つまり、いかなる劇も演じることもできないが、それでもなお劇であると言っているのと同じです。

この主張を有意味な主張と見なすことができるでしょうか？　これは有意味な語の使用ではなく、「それは単に痛みではない」「もし何かあるとしても〈痛み〉ではない何かだ」と言うべきではないでしょうか。

痛みと悲哀はケアを待っている

あるいは、悲哀についても同様の議論の構造を提示することが可能です。私は実は今絶望するほどの強い悲哀を感じているのだが、何か特定の悲しい出来事があったわけでもないし、食欲も通常通りあるし、涙も出ないし、暗い表情もすることなく、夜も眠れるし、誰かにそばにいてもらいたい（あるいは独りになりたい）わけでもなく、慰めも一切必要としていないが、それでもなお私は強烈な悲哀の中にいる、と主張する相手に対して、僕らはどのような言語ゲームを続ければいいのでしょうか。これは一体、どんな劇だと言うのでしょうか。

これらの想定は、僕らの言語ゲーム内の「痛み」という語の文法に反しており、「悲哀」という語の文法に反している、と言えます。

痛みも悲哀も、それが「痛み」、「悲哀」という語の通りであるならば、それらは何も隠されていない。

他者の感じる痛みと悲哀は、僕らのケアを、手当てを待っている。

かくしてウィトゲンシュタインはこう看破します。

「内的な過程」は外的な規準を必要とする。

（ウィトゲンシュタイン『哲学探究』第５８０節）

他者の感じている痛みを僕らは感じることができないとか、他人の痛みは分からないと僕らは安易に言ってしまう。ですが、ウィトゲンシュタインの「紙の冠りをかぶせたキング」の議論から分かるのは、痛みは決してその他者の心という「箱」のなかに閉じ込められた、触れることのできないものなどではない、という事実です。

たしかに僕らのコミュニケーションはチェスのような一義的で明示的な規則にしたがったゲームではない。それはゲームの内と外という境界が曖昧な言語ゲーム、見通しのきかない言語ゲームではある。だが、その言語ゲームが展開される場は、なんでもありの無秩序な空間ではない。そこには、「痛み」や「悲しみ」といった基礎的な語の文法という規範性がある。

つまり、他人の心は分からないから原理的に僕らは他者に寄り添い、ケアすることができないのではありません。原理的には可能なのです。その可能性を語の文法が保証するのです。僕らが言語を使用することができるから、他者の痛みをケアすることができるのです。

> 手に痛みを感じている場合、そのように語るのは手ではないし（それを書いて伝える場合を除いては）、我々が話しかけて慰めるのも、手ではなく苦しんでいる人である。我々はその人の目を見るのだ。
>
> （同書、第２８６節）

> 彼に対する私の態度は、魂に対する態度である。私は、彼には魂がある、という意見を持っているのではない。
>
> （同書、第2部·ⅳ第22節）

その痛みの人を、その悲哀の人を僕らはケアという言語ゲームに包摂できる。もちろん、どのようなケアが必要な痛みであり、悲哀であるのかという実践的なレベルの問題は残ります。しかし、それは決して、「他人の痛みや悲哀には一切アクセスできない」という原理的な不可能性ではないのです。

心は予見できないからこそ心となる

しかし、次の瞬間、あなたが私にとって見通せない、不透明な他者となる。そんな不透明性こそが他者の他者性の本質です。

これがどんな言語ゲームなのかまだ分かっていなくとも、言語ゲームはもうすでに開始されてしまっている。劇は続いている。

このように、他者から投げかけられるある一言にどう言葉を返すか、他者のある所作や振る舞いに対してどう応じ、何を為すか。そこには常に、異なる言語ゲームが始まってしまっている可能性があります。先ほど指摘した文法という規則によって、原理的にアクセスできない他者の心という描像はもはや捨て去られました。残るのは、次のような現実的な問題です。

私が当初は彼は喜んでいたと信じていて、その後にそれは間違っていたと悟ったとき、そのことはどのような違いをもたらすのだろうか。

我々はすべてを彼の内面に投影したがる。問題になっているのはそれである、としたいのだ。

というのも、そうすることで我々は、文が置かれる場を記述するという困難を回避するからである。

(…)

我々は彼の内面に何も「投影」などしていない。単に自分たちをそれ以上進ませない説明を与えているに過ぎない。

(ウィトゲンシュタイン『ラスト・ライティングス』391・392頁、強調引用者)

「投影」という表現に込められた意味は、自分の感じる喜びの「感じそのもの」を、彼の内面にそのまま位置付ける、という描像のことです。ですが、この描像はウィトゲンシュタインのいう通り、僕らを「それ以上進ませない説明を与えている」のです。私の心は私だけが把握することができ、あなたの心に私は触れることができないという像。心の自閉。私は私の心に閉じ込められ、私はあなたの心の写し、翻訳としての外面的な発話や振る舞い、表情しか受け取ることができない、と。

この常識的な心の観念を治療しようとしたのが、ウィトゲンシュタインの先の「紙の冠をかぶせたキング」の思考実験だったのです。

言葉はいつも、違った意味として把握されてしまう可能性をはらんでいる。良かれと思って言った言葉が相手を傷つける。そんなケアの失敗——。日常的に起こる、こうしたすれ違いは、僕らが持っている言語と心の特徴です。まったくのでたらめではないが、時に予見できないという不確定性。

私は、予見不可能性が心のひとつの本質的な性質に違いないと思う。および、表現の果てしない多様性も。

（ウィトゲンシュタイン『ラスト・ライティングス』３６５頁）

言語ゲームはいわば予見不可能なものであるということを、君は心にとめておかねばならない。私の言わんとするところはこうである。それには根拠がない。それは理性的ではない（また非理性的でもない）。
それはそこにある――われわれの生活と同様に。

（ウィトゲンシュタイン『確実性の問題』第559節）


心は予見できないからこそ心となる。ウィトゲンシュタインはそう看破する。

かくして、僕らは「心が隠されている」と思い込むようになった。

あるいは、こんな言葉があります。

女心を分かってない――。

これは一体何を分かっていないということであり、どうなれば分かったということとして認定されるのでしょうか？

なぜ僕らは「隠されている心」という実体が存在しているという描像を採用するようになったのか？

この描像が僕らのケアを阻む。

あなたの大切にしているものは、心という見えない箱の中に閉じ込められていて、私はそこにアクセスすることも、触れることもできない、と――。

そうではありません。心は言葉と振る舞いの中にある。心は言語ゲームの中に立ち現れる。言語ゲームからの逸脱として顕れる。劇が別の劇へと変貌しようとするまさにその瞬間に、心が立ち現れる。

心があるから、ある言葉が口に出るのではありません。心が確固たるものとして先行して存在しているから、ある振る舞いが起こるのでもない。ある言葉が「心ある言葉」となり、ある行為が「心ある行為」となるのです。

あるいはひとは、「自分の心が分からない」とも言ったりする。

当人にも分からず、他者にも分からないが、心は確固たる実体として存在している、という像は一体何を意味しているのか？　あるいは、心は、当人以外には誰もアクセスすることも把握することもできないという私秘性（privacy）を原理的に持っているというイメージは「心」という語の文法違反なのではないか？

「痛み」の感覚についての指摘

ここでもう一度、「箱の中のカブト虫」の議論を引用します。

もし私が自分自身について、「「痛み」という言葉が何を意味するのか、私は自分自身のケースだけから知る」と言うなら、――他人についてもそう言わなければならないのではないか？　――だが、いったいどのようにすれば一つのケースを、こんな無責任な仕方で一般化できるのか？

それでは、全員が私に、自分は痛みが何なのかを自分自身のケースだけから知る、と言う場合を考えよう！　――全員が箱を持っていて、その中に我々が「カブト虫」と呼ぶ何かが入っているのだとしよう。誰も他人の箱の中を見ることはできない。そして全員が、自分はカブト虫が何なのかを自分のカブト虫を見ることのみによって知る、と言う。――確かにここでは各人が箱の中に違うものを持っていることもありうるだろう。それどころか、そうしたものが絶えず変化し続けていると想像することすらできるかもしれない。――だが、それでもこの人々の「カブト虫」という言葉が使用されているとしたら？　――その場合それはものの名として使われているのではないだろう。箱の中のものは、そもそもこの言語ゲームにまったく属していないことになる。あるものとしてすら属していないことになる。なぜなら、箱は空であっても構わないのだから。――そう、属していないのだ。この言語ゲームは箱の中のものによって「約分できる」のであり、それはどのようなものであったとしても言語ゲームから消え去るのだ。

つまり、もし我々が感覚の表現の文法を「対象と名」というモデルに即して作り上げるなら、その対象は無関係なものとして我々の考察から外れてしまう、ということなのだ。

（ウィトゲンシュタイン『哲学探究』第２９３節）

ウィトゲンシュタインはここでは、自分だけが見ることのできる「箱の中のカブト虫」という比喩を用いて「痛み」の感覚について指摘していますが、この論法は例えば「悲しみ」や「絶望」の感覚にも適用できると思います。もちろん、痛みの場合には、通常、身体のどの部分に痛みがあるのかについて言及できますが、悲しみや絶望の場合にはそうではないという違いはあります。しかし、「今、私の中にあるこれは悲しみの感情である」という「対象と名指し」は共通です。

ウィトゲンシュタインがここで乗り越えようとしているのは、他者の心に対するある種の疑い、つまり他者の心に関する懐疑論です。

「この人が今感じているであろうこの悲しみは、私の感じたことのあるあの悲しみとはまったく別のものなのではないか？」

痛みや悲哀に関するこの懐疑論がなぜ僕らに切迫したものとなるかというと、あなたと私が無限の距離にまで切り離されてしまうような感覚があるからだと思います。

孤独の感覚。

同じ絵画を見ているはずなのに、そこに異なる風景を見出している。

同じ料理を食べているはずなのに、まったく違う味わいを感じている。

同じ出来事を体験したはずなのに、真逆の色彩を帯びた記憶として思い出している。

しかも、このような齟齬《そご》が一切、言語ゲームの中では露呈しないとしたら——。

だとすれば、僕らは独りひとりが自閉してしまう。

あなたの心と私の心は、厚みのある、強固な壁で仕切られており、触れることも触れられることもできない箱の中に閉じ込められている。

かくして、ケアはすれ違いの場となり、ケアの思いは空回りし、互いが互いを傷つけることになる。最良の選択は、「人それぞれだから」と諦め、自分の心の箱の中におずおずと引きこもることとなる。

表情の全体論的性質

ウィトゲンシュタインの先の想定は、「外から観察可能な外的な振る舞いにおいては一切の齟齬がない」という状況です。つまり、「カブト虫」（＝痛み）という語を用いた言語ゲームにおいては、疑問を挟んだりすることもなく、滞りや違和感もなく、やりとりやコミュニケーションが円滑に進行している状況が前提とされています。つまり、公共的(public)なレベルにおいては言語ゲームが成立しているのだが、私秘的(private)な次元において、互いがまったく異なった感覚(あるいは無感覚)をもっているとしたら？　という思考実験でした。そして、このモデルにおいては、「カブト虫」という語に紐づけられている内的な感覚は役割を失っている、というのがウィトゲンシュタインの指摘です。

ウィトゲンシュタインの眼目は、心や感覚に関する原子論的な描像への治療です。つまり、箱の中のカブト虫(＝心の中の感覚)は「一つの言葉には、それに対応する一つの対象が存在している」という言語観を乗り越えるための啓発的で象徴的な比喩、寓話なのです。ここにウィトゲンシュタインの哲学の特徴が表れています。

「悲哀」という概念は我々に対して、人生という織物に様々に変化しながら繰り返し現れる、ある模様を描いている。もし一人の人間において、「悲痛」と「喜び」の身体的表現が、例えば時計のチクタクという音に合わせて入れ替わるなら、そこには悲痛という模様に特徴的な事柄の経過も、喜びという模様に特徴的な事柄の経過も見られないだろう。

「一秒間、彼は激痛を感じた。」――なぜ、「一秒間、彼は激しい悲哀を感じた」、は奇妙に聞こえるのか？　単にそうしたことが滅多に起こらないからなのか？

だが、君は今悲哀を感じているのではないか？（「だが、君は今チェスをしているのではないか？」）この問いに肯定的に答えることはできる。しかしそれによって、「悲哀」という概念が少しでも感覚概念に近づくわけではない。

（ウィトゲンシュタイン『哲学探究』第2部ⅰ第214節）

ここでウィトゲンシュタインが用いた「織物」、「模様」という比喩に注目してください。ここには、「部分部分にすでに意味があり、その意味の断片A、B、C、…から演繹《えんえき》された総和（AかつBかつCかつ…）が全体の意味を規定する」というアイデア、つまり原子論の否定があります。ここでは全体論的印象を帯びた比喩が採用されています。

全体論的性質を持つものとは、例えば、表情です。表情とは、顔の様々なパーツ目単独でも、口単独、頬単独でも表情は存在しません。表情とは、顔の様々なパーツの連合、比率のことであり、また、ほんの少し前の表情と、今の表情と、この次に現れる表情の変化の連関のなかに立ち現れるものです。ある部分だけを切り出しても、表情という概念は成立しません。ずっと笑っている顔、いついかなる時に見ても笑っている顔に、僕らは表情を感じ取ることができません。表情とは時間的な構築物であり、逆説的ですが、表情の変化、差分こそが表情なのです。

それと同様に、悲哀というものは、ある一瞬の時間的な断片だけを取り出すことはできません。それは、悲哀という語の「文法」に反している。そして、悲哀は一定の時間幅をもった表出であるからこそ、一秒毎に悲哀と喜びが入れ替わるような（あるいはそのようにしか見えない）振る舞いを見せる他者がいた場合、僕らはその他者に悲哀も喜びも見出すことはできない。これは一秒毎に入れ替わることが滅多に起こらないという事実問題ではなく、仮にそのようなことが外的振る舞いとして起こったとしても、僕らはそれを悲哀の所作、喜びの所作として扱わないということです。一体、何のゲームが行われているのか？ それが分からないという困惑が訪れ、円滑に進行していた言語ゲームが停止してしまうでしょう。本書の文脈で言えば、どうケアしていいのかが分からない、という事態です。

先の引用の中の「だが、君は今チェスをしているのではないか？」というコメントもこれまでと同様に類比的です。チェスのゲームのある一手が打たれた瞬間。その一手のみでは、チェスをしていることにはなりません。ルールも知らずに、気まぐれに駒を手に取り、盤面に適当に置いてみただけかもしれません。チェスを知っているとは、チェスのゲームを続けることができるという点においてのみ成立します。ゲームの継続によって、遡及的にチェスを知っていたことになる。ここにも言語ゲームの全体論的性格があります。

心は瞬間の感覚のことでもなければ、その瞬間の振る舞いだけに回収されるものでもない。「あなたの心」は時間幅を持った物語として、「他者たる私」に把握されうる。

僕らは悲嘆に暮れている他者の悲嘆だけをケアするのではありません。ケアとは、その人そのものをケアすることをいいます。その人の生き方、過去の記憶と傷、これからの展望を配慮し、帰る場所はあるのか、あるいは今夜少しは眠れるかどうかという心配をすることです。そのようにして、その人を見つめること。悲哀を見届けること。

それは可能です。言語的に、論理的に可能なのです。

ウィトゲンシュタインの規則のパラドクス

さて、感覚を表す表現の文法が、「対象と名指し」というモデル、ではないとしたら、一体、僕らは「悲しい」という語や「やさしい」という語をどのようにして使用しているのでしょうか？　あるいは、一体どうやってこれらの語の使用法を身につけたというのでしょうか？

もう一つ、ウィトゲンシュタインに由来する思考実験を紹介します。

ある教室の風景。教師は足し算の具体例をいくつか黒板に書き、児童に示した。1＋3＝4や2＋4＝6といったように。その後、2桁同士の和、2桁と3桁の和なども具体例を示し、どうやら児童たちは複数の具体的計算例から算術の一般的な規則を摑むことができた様子だ。教師は「あとは同じように計算してみましょう」と言って、練習問題を解かせた。しかし、それまで順調に解けていたある児童が3＋5の問題に対して、答えは「7」だと言い張った。「どうしたの？　これまでと同じようにやってごらん」と言う教師に対し、その児童は「え？　同じようにやっているよ。7は違うの？」と真剣な顔で答えた。計算間違いはしていない、と主張するのだ。教師は「これまでのルール通り、自然な足し算をやりなさい」と粘るが、「さっきやったのと同じように、自然にこうなるよ」と返す。教師の計算結果に異議申し立てをする児童は最初のうちはその子1人だけだったが、その後、そのような逸脱的な児童はどんどん増えていった。しかも、彼らの計算の逸脱の仕方は全員一致しているのだ。ある特定の計算たとえば11＋15は30と答え、1022＋1999＝0、2177＋5213＝0のように児童の全員が一致して間違えるのだ。どうやらそれは隣のクラスでも同じらしい。最初のうちは、「みんな違うんだよ、正しい計算はこれでしょ」と指導を続けたのだが、一向に改善されない。しまいには、隣のクラスの同僚の先生まで、「3＋5は7なのかもしれない。自信がなくなってきた」と言い出してしまった――。

これはウィトゲンシュタインが提示した、ウィトゲンシュタイン研究者の間で「規則のパラドクス」と呼ばれている議論の中で用いられた事例をアレンジしたものとなっています。この思考実験に登場した児童たちはみな「共感覚者」だったという物語、前提を僕が加えています。共感覚、つまり、数字や記号が色を持って立ち現れる現象であり、彼らは教師が示したいくつかの事例から、色と色とを足して自然な色に見えるような規則として算術を理解してしまったというわけです。

ちなみに、これは突飛な思考実験ではなく、これに似た事例は僕らのこの現実世界にも実際に起こっています。

自閉スペクトラム症を持ちながら、数学や音楽などの突出した才能を持つ、いわゆるサヴァン症候群の人物のある報告にまさにこのような事例が登場します。『ぼくには数字が風景に見える』の著者ダニエル・タメットは、タイトルにもあるとおり、数字を見るとそこには様々なイメージが伴って見えると言います。中でも興味深いのは、次の図です。

これは彼の計算の図です。図といっても、別に紙に書く必要はないそうです。この図は53×131の計算図です。それぞれの数が固有の形をもって頭の中に浮かび、その間にぴったりはまる形の数が、この掛け算の答えだというのです。彼にとって数字には個性があります。「11は人なつこく、5は騒々しい、4は内気で物静か」だそうです。

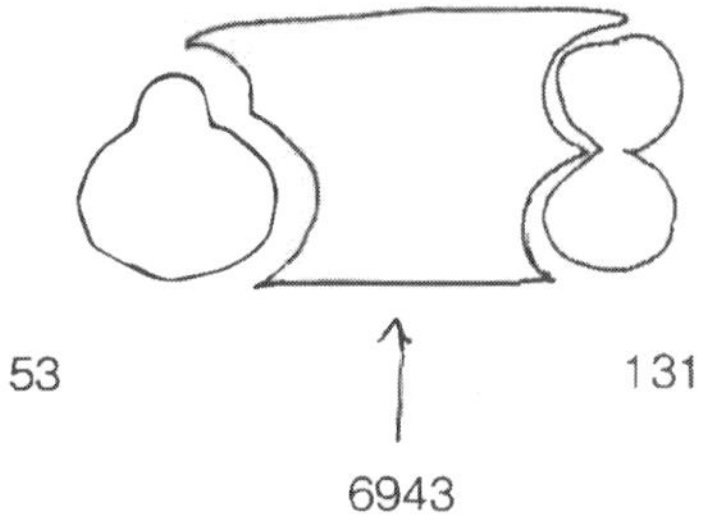

『ぼくには数字が風景に見える』より

僕らが通常行っている、九九を使用した筆算などの計算規則とは全く異なる規則に基づいて演算を行いますが、このような計算の場合でも、結果は正しい値になります。

しかし、タメットは他者の感情が理解しにくく、対応に困ると言います。そして、その際、数字を使うと理解しやすくなるのです。

たとえば、友だちが悲しいとか滅入った気分だと言えば、ぼくは6の暗い深い穴に座っている自分を思い描いてみる。すると同じような感覚が味わえて、その感情がわかる。なにかを怖がっている人の記事を読むと、9のそばにいる自分を思い描く。美しい風景を見にいった人の話を聞けば、数字でつくられた風景を思い描く。

（ダニエル・タメット『ぼくには数字が風景に見える』18頁）

このような方法によって、彼は他者の心を把握します。そのようにして、多くの人が行っている言語ゲームに乗ることができているのです。この限りでは言語ゲームにおける齟齬や逸脱はありません。まさに「箱の中のカブト虫」が異なっているにも関わらず、言語ゲーム自体は順調に進行しているという状況です。

ですが、彼は幼い頃、学校で算数のプリントを見て、混乱したといいます。プリントは当然、黒いインクで印刷されています。ですが、彼はそれを見て「間違いだらけ」に思えました。

たとえば、どうして8の文字が6より大きくないのか、どうして9が青ではなく黒で印刷されているのか理解できなかったからだ。そして、印刷機で9の数字を印刷しすぎて青いインクがなくなってしまったのだと解釈した。

そのプリントに書いたぼくの答えを見た先生は、書いてある数字が不揃いでめちゃくちゃだ、と言った。どの数字も同じ大きさで書くものだ、と注意された。数字をそんなふうに間違って書くのはぼくには辛いことだった。ところが、ほかの子たちはまったく気にしていないようだった。そのとき初めて、数字に対する自分の感覚がほかの子と違うことに気づいた。

（同書、86頁）

タメットの報告で重要なのは、本人としては、極めて自然に、規則通り書いていたという点です。そして、自分ではなく、先生の書き方のほうがルールに反している＝間違っている、と認識したことです。「＋という演算」の規則ではないですが、先の思考実験と同型のポイントがいくつかあります。一つ目は、有限個の事例から、規則を摑み、それ以降、自然だと感じる規則の適用を続ける点。二つ目は、その規則の把握によって、正誤の基準、つまり、正しい／間違っているという規範性を獲得したこと。三つ目は、その規範性が共同体の規範とズレていることです。

言語使用は世界との折衝にさらされている

では、この思考実験と実際の事例の眼目は一体何でしょうか。

ウィトゲンシュタイン自身このような算術に関する思考実験をなぜ取り上げたのかと

いうと、これと同じ構造がわれわれの言語使用一般に当てはまるからです。我々は、言葉の「意味」をその事例をいくつか示された段階でたしかに把握することはできます。たとえば「アルパカ」とは何かを知らなかった人であっても、写真で何頭かアルパカを見せられれば理解できたかのように感じる。ある瞬間に、「わかった!」という感覚が訪れる。つまり、その段階でアルパカの「意味（という心や頭の中に浮かぶ何物か）」を摑んで、それ以降その語「アルパカ」を実物のアルパカに適用して同じように何度でも正しく使うことができるように思えます。

有限個の事例から、「意味」なる何ものかを摑んで、それ以降、無限の適用が可能になる、と我々の常識は主張する。

しかし、この言語観、この言葉に対する描像こそウィトゲンシュタインが乗り越えようとしたものでした。ウィトゲンシュタインはそれを算術を例にとって示しました。先の児童たちの事例は、計算の意味、つまり「+の意味」が「頭の中で摑んだ自然な意味」として無数に発生すると仮定した場合、このような逸脱の可能性を排除できないことを示すための思考実験となっています。

共感覚の子どもたちは3の色と5の色を足すと7の色と相性がいいと感じた（「分かった!」という私秘的な感覚あるいは「腑に落ちる」という身体的感覚）。それまで教師が見せた事例はすべてその「色の相性」という規則に従ってしまっていて、児童たちは3＋5＝7が自然なものと感じたというわけです。

自然どころか、それ以外の可能性が思いつけないくらい自明なものとして理解してしまった。

もちろん、このようなことは実際には起こっていません（タメットの例も、タメット自身が成長の過程で、自分の感覚の違いに気づき、共同体の他のメンバーたちが行っている言語ゲームに収斂していきました）。

いや、起こっていないだけでなく、仮に起こったとしてもこのように逸脱する児童たちに対して訂正を促し、適切な反応へと教育することができるはずです（タメットのように）。だとしたら、帰謬法《きびゅうほう》的に、この思考実験の中の描像のどこかが間違っていることになります。

どこが間違っているかというと、計算や言葉の理解は脳あるいは心的な私的領域の中で行われるものだという前提です。

実際の言語使用とはそういったものではなく、数学における計算でさえも「心の中の出来事」などではなく、我々の生活、行為、世界との折衝にさらされているということです。

ウィトゲンシュタインはそのような生活や実践と結びついた言語使用を「言語ゲーム」と名付けたのでした。3＋5＝8の正しさは、我々の知性、理性によって保証されるものではない。その正しさは我々のさまざまな言語ゲームの全体によってその根拠を得る。

3＋5＝7としてしまった場合、たとえばまず小学校の理科の実験で行う天秤がつり合わないという齟齬が起こり、昨日リンゴを3個買ってきて冷蔵庫に入れ、今日5個買ってきたら、7個のはずのリンゴが1個増えているという事態が発生し、7リットルと書かれた水槽に3リットルの水を入れた後に、5リットルの水を入れればこぼれるという事態が発生し、どこかでおかしいと気づく。

先の思考実験の誤りは、算術を我々の生活全体から切り離し、教室の中だけの出来事、黒板と紙の上の出来事に制限してしまったことに由来しています。計算を「単なるシンボル変形の規則」と捉えてしまったがゆえに、無数の解釈可能性（心の中に浮かぶ計算の「イメージ」）を許容してしまいました。

その無数の解釈可能性の中から、まともな算術のルールをピックアップするのは、僕らに備わった数学力や知性ゆえではありません。理性でも数学力でも知性でもない。僕らの、この世界における「生活 leben」が僕らをこの言語ゲームに根を下ろさせる。

言語ゲームを踊り続けること

もう一度、ウィトゲンシュタインの引用を挙げます。

言語ゲームは予見不可能なものであるということは、君はよく考えなければならない。私が言わんとしているのは次のようなことだ。それには根拠がない。それは理性的ではない（また非理性的でもない）。それはそこにある——我々の生活と同様に。

（ウィトゲンシュタイン『確実性の問題』第559節）

予見できない、算術に関する先のような逸脱的把握を、天秤、リンゴ、水槽に関する言語ゲームが修正するのです。逆にいうと、だから、共感覚の子どもたちは「3＋5＝8」をさまざまな言語ゲームの中で使用できないことになります。このように何らかの逸脱があれば、それは必ず言語ゲームの他の箇所にも波及する。生活上のあらゆる側面に支障が出るはずです。ということは、この事実の対偶をとれば、こうなります。

生活上の齟齬も支障も発生していないならば、「この人が今感じているであろうこの悲しみは、私の感じたことのあるあの悲しみとはまったく別のものなのではないか?」という懐疑は意味をなさない。劇が滞りなく進行しているのならば、そこに疑いは発生しません。

それほど、我々の言語ゲームは広範囲に渡っています。広範囲であると同時に、それがうまく整合的につながっている。数学であっても、それは言語ゲームの中、つまり生活 leben の中にある。だとするならば、すべては言語ゲームの中にある。したがって、ケアも言語ゲームの中に、もうすでに、ある。

ただし、僕らの言語実践を、特定の小さな言語ゲームの中に閉じ込めてはならない。

これが、この思考実験の帰結です。

僕らは、心に浮かぶ内なる感情や気持ちを、言語に翻訳して外部化している、と捉えています。強烈な体験をした際に「言葉にできない」と言うのは、まさにこの常識的言語観を支える直観でしょう。感じる心がここにある、しかし、言葉がそれを捉えることができない、と。

かくして、他人が一切手を出すことのできない私秘的(private)な領域に、心が位置付けられる。

ですが、このような「箱の中のカブト虫」の比喩は、ウィトゲンシュタインの考察によってポイントを失っています。

心が内側に閉ざされているように思ってしまう場面は確かにあります。

あなたはとても深い悲しみの中にいるとする。

かけがえのない人と、もう二度と会えなくなってしまった。

あなたに訪れるのは、強い悲哀の感情である。

あなたはいま、深い悲しみの「中にいる」。にもかかわらず、あなたの目の前にいる人は悲しみの「外にいる」。

これに対して、たとえば、目の前にある一冊の本。それは目の前にいる他者と共有できる。「本を取って」と頼むことも、「このお話はとてもよくできているんだよ、冒頭のシーンを読んでみて」と勧めることもできる。このように、共有することができる。

しかし、悲しみは共有できない。

たった数cm離れた場所に、あるいは肌の触れる距離にいたとしても、あなたの悲哀を彼は感じることができない。

この悲しみは私ただ独りだけのものだ。

かくして、心は私の内側に閉じ込められる。

心が閉ざされていると僕らに印象づけるもう一つの事例は、たとえば、ある人が「つらい」と言ったときです。

LINEでただ一言、つらい、と連絡が来たとき、それは二日酔いで「身体的に」つらいのか、それとも恋愛関係の出来事で「精神的に」つらいのか分からない。だから、僕らは相手に尋ねる。

しかし、重要なのは、次の点です。

どのように「癒える」のか?

どのように「手当て」すればいいのか?

「知識とはすべてノウハウknowing-howである」とこの章の冒頭でも改めて述べました。しかし、そのノウハウは言語ゲームの予見不可能性の前に、時として使い物にならなくなる。劇が分からなくなる。

だからと言って、ケアを諦める必要はない。

なぜならば、僕らはもう、すでに、言語ゲームを始めているのだから。

必要なのは勇気です。どんな勇気かというと、このゲームを続ける勇気です。このゲームを止めてしまわないこと、このゲームを諦めないこと。

この言語ゲームを踊り続けることが、僕らのゲームのただ一つの目的なのです。

第6章 言語ゲームと「だったことになる」という形式

権力の構造原理

いわゆる新卒の就職活動の面接では「今日はここまでどのように来ましたか」と聞かれるらしい。あなたならどう答えるだろうか?

たとえば「横浜からJRに乗り、新橋駅で地下鉄に乗り換えて、ここまできました」は不正解だといいます。

正解は、次のようなものです。

自宅から御社までの所要時間は通常48分です。まず、自宅から最寄りの川崎駅まで徒歩8分。川崎駅から新橋駅までJR東海道線で17分。新橋駅から(中略)。地下鉄の車内ではニュースサイトで、御社に関連する記事を探して読みました。

(坂本直文『イッキに内定! 面接&エントリーシート[一問一答]2024』)

ちなみに、なぜ簡潔な前者の返答はNGで、後者は適切なのかというと、この質問は「他人にわかりやすく正確に説明できるか」を見られているからだというのです。

ある質問に対する、用意された模範解答。

就職活動における面接という言語ゲーム。面接官が指す一手に対する、返しの一手としてふさわしいものとふさわしくないもの。権威側によってすでに用意された正解としての劇。

言語ゲームにおいて、間違えた一手を打った場合の最大のペナルティは何かというと、「もうあなたとはこのゲームを続けられません」という退場宣告です。

僕らはこのペナルティを恐れる。言語ゲームにおける疎外を恐れる。疎外を恐れるがゆえに、僕らはその言語ゲームの正解が書かれている「マニュアル」、「ルールブック」を求める。言い換えれば「劇の台本」を欲しがってしまうということです。

ここには「権力」というものの構造原理が潜んでいます。

まず、ある言語ゲームが始まる。最初はルールが明確ではなく、まだそこには「規範」つまり明確なルールはない。その中で、次第にこのゲームをうまく続けられる者と続けられない者が現れる。すると、ゲームにうまく乗っている側の者たちは、乗れない者たちへアドバイスをしたり、注意をしたり、訂正を求めたり、あるいはあまりに逸脱的な場面ではゲームを中断するようになる。この過程の中で、次第に「〜するべし」や「〜することはできない」、「〜してはならない」という規範が生成される。言語ゲームが徐々に踏み固められていき、そして規範が完成する。

言語ゲームの内部にいる者たちは、この硬化した規範、ルールを用いて、逸脱者への「退場勧告」が可能となる。そして、言語ゲームは〈システム〉へと変わる。

かくして、道徳が誕生する。

村上春樹が述べたように、〈システム〉はときに僕らの魂を深く傷つけます。既存の就活の仕組みも気がつけばあたかもシステムという実体としてそこにあるかのように思えてくるからこそ、一問一答集が作られるのです。

就活の場合、退場勧告とはもちろん「不採用」というものです。恋愛においては「破局」「別離」となります。いずれも、「もうあなたとはこのゲームを続けられない」という最後の一手の別名です。

僕らは他者との言語ゲームに固執し、執着する。それゆえ、言語ゲームにおける疎外を恐れる。これは現代社会における不安一般に当てはまるように思えます。例えば、健康に対する不安。身体および精神が健全であることを願い、失調や障害を恐れるのは、そうなってしまうと、現行の言語ゲーム（仕事、家族関係など）が続けられないからでしょう。金銭的な不安というのも、衣食住に関する購入や消費という言語ゲーム、つまり、生存を巡る言語ゲームから脱落してしまうことがその根本にあります。ということは、僕らは言語ゲームを続けるために生きている、ということができます。言語ゲームの中で、無我夢中に踊り続けること——。僕らはそれを目指している。

「踊るんだよ」羊男は言った。「音楽の鳴っている間はとにかく踊り続けるんだ。おいらの言ってることはわかるかい？　踊るんだ。踊り続けるんだ。何故踊るかなんて考えちゃいけない。意味なんてことは考えちゃいけない。意味なんてもともとないんだ。そんなこと考えだしたら足が停まる。一度足が停まったら、もうおいらには何ともしてあげられなくなってしまう。（…）あんたはたしかに疲れている。疲れて、脅えている。誰にでもそういう時がある。何もかもが間違っているように感じられるんだ。だから足が停まってしまう」

（…）

「でも踊るしかないんだよ」と羊男は続けた。「それもとびっきり上手く踊るんだ。みんなが感心するくらいに。そうすればおいらもあんたのことを、手伝ってあげられるかもしれない。だから踊るんだよ。音楽の続く限り」

オドルンダヨ。オンガクノツヅクカギリ。

（村上春樹『ダンス・ダンス・ダンス（上）』182‐183頁）

物語を知ること、劇を真似ること

心とは本質的に「予見不可能性」をはらんでいるものでした。

そうなると、次のような疑問が浮かんできます。

どうして僕らは、心が予見不可能なものであることを忘れてしまっているのか？

なぜ、心はいつだって日常の円滑な言語ゲームからこぼれ落ちる可能性を帯びていることを意識しなくなってしまったのか？

その答えにアクセスするためのキーワードはもうすでに登場しています。

言語ゲームは、やがて踏み固められ、規則は硬化する。

ここにポイントがあります。

幼少期のさまざまな教育の場面（家庭、幼稚園、保育園という場で展開される言語ゲーム、あるいは絵本やアニメ、歌の歌詞に描かれる言語ゲーム）を通して、典型的な「やさしさ」の振る舞い、利他の振る舞いをまずは鵜呑みにするところから始めます。つまり、「やさしさ」の典型的な劇を学ぶことです。絵本、紙芝居、童話、幼児向けアニメなどを考えてみれば分かるかと思います。そこにあるのは、例えばアニメ「アンパンマン」のような典型的なやさしさ、理解しやすいケアです。複雑な心境や生い立ちの描写もそこにはありません。伏線もほとんどなく、傷は典型的な傷として描かれることが多いのです。それは僕らの共同体における「こうあるべき」「こうあるのが望ましい」という規範性の獲得の第一歩なのです。言語使用は、つまり、語の使用を巡る文法は、物語を知ること、劇を真似ることから始まっていたのです。それらはもちろん「硬化」した利他ではあるのですが、言語使用一般において、つまりケアを巡る言語ゲームのプレーヤーになるためには、まずはその硬化した利他から習得を開始しなければなりません。

そして、現実の場面において、多くの言語使用が硬化しうるからこそ、辞書による語の定義という制度をわれわれは持つことができます。辞書とは、われわれの言語共同体において、一定程度「硬化」した言語使用を（その都度）カタログ化したものと言えます。それゆえ、その言葉遣いは「正しい／間違っている」という他者による指摘と訂正が可能となるのです。つまり、硬化した言語ゲームにおいては、その語の使用、振る舞い、行為に対する指摘、訂正、非難、評価といった「規範性」が発生することが可能となる）。

こういった、すでに十分に踏み固められた行為でケアが成立するのならば、物事は一切の問題を引き起こさず、円滑に流れていきます。

ですが、僕らがケアを為そうとするのは、まさに他者の心が見えなくなり、どう関わっていいのか分からない時でしょう。つまり、心の予見不可能性（＝劇の根本的な変化、劇が見通せなくなる局面）が目の前に露出した時に、言い換えれば、何らかの「事件」が起こった時にこそ、僕らはそのひとをケアしなければならない。ここにケアのアポリアがあります。

ケアは、ケアできない時に最も必要とされる。ケアがケアとして成立している時、僕らはケアを意識しない。ケアがうまくできていないがケアしなければならない局面において、ケアへの意識が先鋭化する。

劇を生き直さなければならない

硬化したケアはたしかにマニュアル化できる。実際に僕らは幼少期にそれらを習得し、「やさしさ」だけでなく、「善意」や「愛」や「哀れみ」、「救済」や「援助」や「支援」といった語はもちろん辞書の項目として登録されている。教育の初歩の段階で、「やさしい」という語の基礎を学ぶ。共同体の内部で、硬化し、凝固した使用をまずは一旦学んできました。そうでなければ、そもそも「やさしい」という語が使用できない。しかし、その使用は踏み固められた、公共的なものであり、目の前のたった一人の他者を迎え入れるものとしては不十分であり、ときに暴力的ですらある（第1章の「狐と鶴」の寓話を思い出してください）。

だからこそ、生の過程で、「やさしさ」を巡る未知の言語ゲームを、つまり劇を生き直さなければならない。

カフカが行った物語によるケア

予見不可能な出来事の出現を「事件」と呼んでみたいと思います。事例として、『変身』などの作品で知られるあの文学者フランツ・カフカのエピソードを紹介します。カフカは晩年、ドーラという女性と共に暮らしていました。ある日、カフカとドーラが一緒に散歩をしているときに起こった出来事です。『回想のなかのカフカ　三十七人の証言』という本に登場する、ドーラが語ったエピソードです。

カフカとドーラが散歩で訪れた公園で、小さな女の子が泣いていた。どうしたのかと尋ねると、「お人形をなくした」と言った。その時カフカはすぐさま「君のお人形はね、ちょっと旅行に出ただけなんだ、ほんとうだよ、おじさんに手紙を送ってくれたんだ」と人形が消えてしまったいきさつをとっさに語り始めた。当然、女の子はうさんくさそうに「そのお手紙、もってるの？」と聞きます。

「いいや、お家へおいてきちゃった、でもあしたもってきてあげる」
そう言ったカフカは何をしたかというと、自宅へ戻るなり、すぐにその手紙を書き始めました。その執筆の様子は、自身の文学作品の創作に取りかかるみたいに大真面目だったそうです。

子供はどうあっても幻滅から守って、本当に満足させねばならなかったからである。虚偽《うそ》はだから虚構の真実によって、真実《まこと》に転化しなければならなかった。
（ハンス＝ゲルト・コッホ『回想のなかのカフカ　三十七人の証言』291頁）

翌日、公園でその小さな女の子に手紙を届けました。字の読めない女の子のために、その「お人形からの手紙」を読んで聞かせてあげたそうです。「手紙のなかで人形は、自分はいつもおなじ家族のところで暮らすのにあきあきしたのだ、と説明していた。そして転地の希望を表明していた、要するに、小さい女の子のことはとても好きなのだが、しばらく離れていたいのだという。」（291頁）
人形は毎日手紙を書くからと約束していたので、カフカは実際に、毎日一通の手紙を書き、それが3週間続きました。その人形が経験した冒険の話、成長し、学校に通い、知り合いができたこと。そして、また一緒に暮らせるようにはならないことを仄めかしながら。そうして、人形との別離に対する、心の準備を女の子はしていったのです。カフカは結末をどうするか悩みました。

フランツは、どうやって結末にもってゆけばよいのかと考えると、おそろしく不安だった。なぜならこの結末は、ちゃんとした結末でなければならなかった、つまり玩具をなくしたことによって呼び覚まされた無秩序に代わる秩序を、可能にしなければならなかったからである。彼は長いあいだ考えあぐねていたが、結局、人形を結婚させることに決めた。彼はまず青年を、婚約の式を、結婚のさまざまな準備を、そしてことこまかに若い新婚の二人の家を描写した――「わたしたちは将来、二度と会えないとあきらめねばならないことを、あなた自身にもわかってほしいの」。フランツは、ひとりの子供の小さな葛藤を芸術《クンスト》の技法によって解決したのだった――彼が世界に秩序をもたらすために、みずから用いたもっとも有効な手段によって。

（同書、292・293頁）

これは嘘といえば嘘である。

しかし、ここにはカフカが行った物語によるケアがあります。女の子の大切にしていた人形の喪失＝無秩序から、物語を提示することで、失くしたのではなく、女の子にとっては人形が旅に出たことになるという劇を作り上げることで、秩序を回復させる。

物語によるケアがなぜ重要かというと、この女の子を科学やテクノロジーは救えないからです。

どれほど科学が発展し、宇宙のさまざまな構造が明らかになり、自然を制御できるようになり、ありとあらゆる情報を処理することができるようになったとしても、人間の悲哀と傷をケアすることはできません。

もちろん、悲哀を未然に防ぐことはできると思います。例えば、人形にGPS機能を持つICチップを取り付けて、紛失した際、座標を特定できるようにするなどは、現代では可能となっています。ですが、起こってしまった悲哀に対しては、科学もテクノロジーも無力です。それは、第3章でも引用した河合隼雄の言葉を見れば明らかです。

> 結婚式を目前にして、最愛のひとが交通事故で死んでしまったひとがある。このひとは「なぜ」と尋ねるに違いない。「なぜ、あのひとは死んでいったのか。」これ

に対して、「頭部外傷により……云々」と医者は答えるであろう。この答えは間違ってはいない。間違ってはいないが、このひとを満足させはしない。なぜ、この正しい答えが、このひとを満足させないのか。それは、この「なぜ」（Why）という問いを「いかに」（How）の問いに変えて答えを出したからである。

（河合隼雄『ユング心理学入門』2-3頁）

僕らの悲哀と傷という、「受け入れ難いもの」の出現は、ただただ物語によって慰められる。

なぜなら、僕らは、自分の大切にしているものを大切にできなかった時にも、いやむしろその時、深く深く傷つくからです。女の子は「人形の喪失」そのものを悲しんでいたのでしょうか？　人形を失くしたことそのもの、人形ともう会えないことそのもの以上に、「なぜ大切な人形を私はもっと大切にできなかったのだろう」という人形に対する罪悪感の傷の方が大きかったと考えることができるはずです。

例えば、飼っていた猫が亡くなってしまった時。

どうしてもっとちゃんとケアしてあげなかったのか、もっと早く病院に連れていってあげていれば、と自責と後悔の念に襲われることがあると思います。大切なものを傷つけてしまったという傷を負う。

ここに「物語」が重要な役割を持つのです。

ケアとはその他者が大切にしているものを一緒に大切にすること、その大切なものを回復すること、失われたその大切なものと正しくさよならができるための関わりのことです。

人形からの手紙という嘘はカフカによって為された「物語によるケア」だった。そして、まっすぐ自分宛に書かれた手紙、すなわち自分宛の物語だけが小さな女の子を癒し、救った。

人形を失くしたのではなく、「旅に出る」という人形自身の意志だったことになる。「人形を大切にしなかった」という劇から、「人形が旅に出て、そしてそこで幸せに暮らした」という劇だったことになる。

ケアにおいて、この「だったことになる」という契機は重要な役目を果たします。

「傷の物語」が「祝福の物語」へと変わる

もう一つ、事例を挙げます。

三谷幸喜監督の映画『THE 有頂天ホテル』の冒頭のシーンです。役所広司演じるホテル・アバンティの副支配人新堂が、スタッフからラウンジに呼び出され、カップルで食事をしている男性客が、テーブルに置かれた「灰皿」を、うっかり間違えて料理の「取り皿」として使ってしまっているとの報告を受けます。

新堂はほんの少しだけ考える間をとると、「大至急、すべてのテーブルの灰皿を回収しましょう。それから新しい灰皿を用意してください。できるだけ違う形のものがいい。会議室のがいいでしょう」と言いました。つまり、そのカップル以外のテーブルから灰皿を回収することで、それが「灰皿であること」を「取り皿だったことになる」わけです。他のスタッフは「そこまでします?」と聞き返しますが、新堂は「まぎらわしい皿を置いた我々の落ち度です」と答えました。

客観的に見れば、それは灰皿です。灰皿として使用されるために、各テーブルに置かれていたのですが、副支配人の機転により、それは「取り皿だったことになる」のです。つまり、「それは最初から取り皿だ、っ、た、こ、と、に、す、る」という対処だったのです。過去を変えてしまう。これはカフカの手紙と同型のケアです。

人形を失くした女の子であれば「罪悪感」を書き換え、灰皿を取り皿として間違えてしまった客にはこれから訪れるであろう「恥」を先回りして防ぐ。これはつまり、罪悪感と恥という「デバフ」を呪鎮し、そこに「バフ」をかけ、祝福を行ったと言えます。

存在の肯定。

「あなたは何も間違っていない」

それを示すこと。これがケアの本質です。

それがバフであり、祝福です。どれほど逸脱的に見える行為にも、それがその人にとっての大切な行為なのかもしれないという、判断の留保が他者理解の第一歩である。その眼差しの後に、やさしさの振る舞いが顕れる。

言語ゲームからこぼれ落ちた者、こぼれ落ちそうになっている者がいる（人形を失くした女の子、有頂天ホテルの客、そしてガイモン）。この者たちにはこのままでは傷が到来する。ケアは他者の傷に導かれて起こる。あるいは、この後訪れるかもしれない「傷の予感」としてである。

傷の予感に導かれない善行や施しを偽善と呼ぶ。

ケアはただまっすぐ、その他者の傷へ向かい、傷ついた人そのものをケアする。そしてその時、ケアの眼差しは「あなたは何も間違っていない」と告げる。

ケアが為されるとき、そこで、物語が切り替わる。劇が変わる。傷の物語が、祝福の物語へと変わる。

というよりも、物語の語り直しによる、過去の出来事の改編それ自体をケアと呼ぶ。カフカ、副支配人の新堂、そして「まえがき」で登場したルフィ。この3者はそれぞれ、小さな女の子が、男性客が、ガイモンが各々の劇の中で踊り続けられるようにしてあげたのです。この章の中で引用した村上春樹『ダンス・ダンス・ダンス』の言葉を思い出してください。僕らは踊り続けるしかない。でも時に、喪失や失敗によって傷を受ける。大切なものが大切にされず、大切なものを大切にできなかったことによって傷つきが到来する。あるいは、社会のルール、規範にうまく乗れないという形の傷を受ける。だからケアする人は、目の前の他者がちゃんと踊り続けられるように、劇そのものを変えてしまう。言語ゲームを編み直す。「これは最初からこういう劇だったのだ」と。

これは決して特殊な事例ではありません。実際、松任谷由実も次のように歌っています。

きみはダンデライオン　傷ついた日々は彼に出逢うための
そうよ　運命が用意してくれた大切なレッスン　今素敵なレディになる

（松任谷由実「ダンデライオン」）

彼に出逢う前までは、過去のある出来事はただの傷でした。しかし、彼と出逢うことで、その傷が自分にとって大切な、彼の邂逅へと導いてくれるレッスンだった、という物語へと再編成されるのです。後のシーン、場面によって、劇全体が当初の劇とは別のものへと変貌する。その意味で、これはセルフケアと言えます。しかし、このセルフケアは、彼という存在に導かれて成就するケアです。「セルフケア」は、だから誤解を生みやすい言葉かもしれません。

正確には、他者に導かれて、その邂逅をきっかけにして起こる私内部の物語の改編、劇の書き変わりです。

それは「する」ことではなく「なる」ことです。

愛は跳躍を必要とする

セルフケアを「する」ことはできません。ある偶然のきっかけからセルフケアに「なる」のです。セルフケアを企てることはできない。本来のセルフケアは私の言語ゲームの外から、私の元へ到来する。それに対して、「企て」は、現在を原因として未来を変えるという結果を生み出すという、現在→未来という通常の因果の流れのことです。

ケアは私の現在と未来が原因となって、過去が結果になる。

因果が逆なのです。

僕らは、現在を懸命に生きることで、過去に介入することができる。

遡及的に、事後的に、過去を生み出すことができる。

この逆向き因果がケアと利他には起こります。

物語が切り替わるということは言語ゲームが変わってしまうことを意味します。先のカフカの手紙では、人形の喪失による人形とのコミュニケーションの断絶から「手紙を通した対話」のゲームへと切り替わり、『THE 有頂天ホテル』のエピソードでは、「灰皿」として使用するという言語ゲームから、「取り皿」の言語ゲームへと変わりました。

だからこそ、カフカと副支配人新堂は「倫理の人」なのです。なぜなら、これらの応答は用意された模範解答ではなく、そのとき生み出された正解だからです。よく、「社会に出ると正解のない問題に取り組まなければならない」という言い方がされますが、これは不正確ですし、不誠実です。

正解はあるのです。

それは権威者が事前に用意した、確固たる模範解答ではありません。

そうではなく、私の行為が「正解だったことになる」という形の、遡及的・事後的な正解はちゃんとあり得るのです。

　正解を制作する。

　生きるとは、そんな創造的行為の積み重ねのことです。

　それに対し、硬直化した道徳の住人は、「人形を失くさないようにこれからは気をつけましょう」と言い、「それは取り皿ではなく、灰皿です」と注意するでしょう。

　硬直化した言語ゲームの内部には、「だったことになる」という契機が存在しない。

　僕らは、「だったことになる」という形式の、言語ゲームの変更の可能性に開かれている。

　しかし、現行の言語ゲームに執着する者には、この自由が存在しない。

　映画『アイ，ロボット』のウィル・スミス演じるスプーナー刑事の、ロボットに対する憤りと不信の理由を思い出してください。ロボットは合理的に判断したがゆえに、スプーナー刑事はロボットを僕らサピエンスのパートナーとは見なさなかったのだ。

　ロボットは不合理な跳躍をしない。ロボットは、道徳に執着することしかできない。言語ゲームを切り替える勇気を持たない。どこまでも「正しい」（＝既定の言語ゲーム通りの）振る舞いしかできない。だから信頼できないのです。プログラム通りに行動するロボットはどこまでいっても、結局は道徳の住人にしかなれません。

愛は跳躍を必要とする。

愛とは「だったことになる」という形式の跳躍の別名です。

これまで展開されてきた過去の言語ゲームを、別の言語ゲームだったことにする。

勇気を持って、飛ぶこと。

目の前の他者の傷と悲哀を慰めるために、この言語ゲームから飛び出す。このように、大切な他者を愛するためのマニュアルは存在しません。そのような固定化された劇は存在しないからです。だから、あなたの愛が失敗したとしても、それはあなたの責任ではない。愛が愛にならなかったとしても、それはあなたが間違っていたことにはならない。誰かをうまく愛することができなかったとしても、それは仕方のないことなのだと思います。

なぜなら、そこには従うべきマニュアルなど最初から存在しなかったのだから。

あなたが不合理性と不確実性の海へ飛び込むとき、その姿を美しいと思ってくれる人がいる。

その人のために飛べ。

言語ゲームを、劇を、書き換えよ。

第7章

利他とは、相手を変えようとするのではなく、自分が変わること

「管理」に取り憑かれた僕ら

第2章、あるいは第6章で「利他は言語ゲームの破れ（敗れ）として立ち現れる」と指摘しました。ケアには他者の心の偶発性、予見不可能性といった様相があるのならば、これによって、ケアなるものとケアならざるもののあいだの境界が引かれるはずです。その境界線の向こう側には一体何があるのか？　それを詳らかに見ることができれば、何がケアを、それゆえ利他を阻んでいるのかが見えてくるはずです。

結論から述べます。

予見不可能性の対概念は、管理あるいは支配、コントロールです。

そして、現代を生きる僕らはこの「管理」に取り憑かれている。

それゆえ、僕らはケアおよび利他が苦手になってしまった。

どういうことか？

一度迂回して考えてみたいと思います。こんな具体的な問いかけはどうでしょうか。

「叱る」というのはケアだろうか。

叱るというのは、その人の大切にしているものを共に大切にすることでしょうか。よく耳にする回答はこうでしょう。「怒る」はこちら側の一方的な感情によるものだが、

「叱る」は適切な行動、そうあるべき姿へと導くことであるから相手へのケアになる、と。

そうではない。

村中直人は、人はなぜ叱るのかというと、「それはやはり、誰かに『変わってほしい』と願うから」と答えています。叱るという行為は、相手を変えるための行為であると。

「叱る」という行為は、叱る側が求める「あるべき姿」や「してほしいこと」を実現するための手段です。

（村中直人『〈叱る依存〉がとまらない』29頁）

ここには極めて重要な指摘があります。叱るという行為に潜むものは、「叱る側の欲望」である、という点です。さらに、次のように「叱る」を定義しています。

言葉を用いてネガティブな感情体験（恐怖、不安、苦痛、悲しみなど）を与えることで、相手の行動や認識の変化を引き起こし、思うようにコントロールしようとする行為。

（同書、34頁）

見事な定義だと思います。ポイントは「ネガティブな感情体験」という部分です。村中は挙げていませんが、ここには「恥の感情」「罪悪感」も含まれるでしょう。そもそも恥や罪悪感（後悔）はダーウィンが指摘していた通り、人間と人間以外の動物を峻別するメルクマールでした。そして、そのような感情によって、明確な処罰抜きでも僕らは自ずから社会的な存在へと順化できるし、順化してしまう。

「叱る」を論じる際の、ここに登場したワーディングはどれも、本書で扱ってきたケアの定義に反しています。なぜなら、ケアとは、ケアする側の要求に基づいて為されるものではないからです。ケアとは、その受け手である相手の「大切にしているもの」を中心に編み上げられる行為のことでした。それゆえ、「叱る」は明らかにケアの対概念の候補といえます。ケアも叱るも、確かにどちらも他者への関わりのモードの一形態です。ですが、その関わりという矢印の始まる場所が真逆なのです。

ケアはあなたから始まる。

叱るは私から始まる。

ケアはあなたの傷に導かれることによって、私が動かされ、その結果、あなたと私のあいだにケアが起こる。

それに対し、叱るは私の願い、すなわちあなたを変えたい、あなたに変わってもらいたいという欲望にその根を下ろしている。

あなたは間違っていない

さらに踏み込んで言えば、ケアと叱ることの違いは明白です。

ケアの要諦は、「あなたは間違っていない」と示すことです。それに対し、「叱る」という概念の中には、「あなたは間違っている（だから今私はこうしてあなたを叱っている）」というメッセージが付帯します。なぜ今私はあなたを叱っているのか？　それはあなたが間違っているからだ、と。

ですから、先ほど冒頭で、事件性をその本質とする利他の対概念は、管理や支配、つまり相手をコントロールしようとする欲望だと述べたのです。

もう一点ここに潜む病理に関する指摘を付け加えるなら、叱ることに代表されるような、管理とコントロールとしての関わりはコストパフォーマンスが良すぎる、という点があります。だからこそ、村中が指摘するように叱ることに「依存」つまり病みつきobsession になってしまうのです。

どういうことか？

「あなたは間違っている。それゆえ、私があなたを導こう」という姿勢は、叱る側つまりコントロールしようとしている側からすると、「善い行い」に映ります。自分はいま善いことをしているという自己認識を容易く得られるのです。しかも、叱った時相手が言い返せずに黙り込んだり、あるいはその後（相手が納得せずたとえ渋々だとしても）行動変容した場合、自らの行為によって他者を動かすことができたという有用感も得ることに成功します。

ですが、これはフェアではありません。村中はまた、「相手を変えようとする手段」としての「叱る」を成立させるための前提条件として「権力の非対称性」を挙げます。確かに、ひとは自分よりも立場や力が上のものに対して、相手を変えようとしません。変えようとしないというか、この定義上、相手を変えることができません。こちらの方が弱いわけですから。

権力とは何か、を一言で言うならば「状況を定義する権利」であるとする考え方が、私には最もしっくりきます。具体的に言うと、その状況において何が良い／悪いとされるのか、どんな行為が求められ／禁止されるのかを決める権限を持っている、決めることが許される立場にいるということです。

（村中直人『〈叱る依存〉がとまらない』30頁）

権力すなわちその「状況を定義する権利」を有している側、その場で展開している言語ゲームがどのような言語ゲームなのかを裁定することができる側つまり、劇を設定する側が、相手を利用して、自らの満足を手にいれるという構造がここにはあります。劇を設定できるということは、相手をその劇、すなわち言語ゲームから排除することもできる立場ということになります。つまり、この姿勢には「強制」があるのです。

「あなたは間違っている。それゆえ、私があなたを導こう」

これに対し、本当の意味で倫理的な言葉はこうではないでしょうか。

「私は間違っているかもしれない。だからあなたに導いてほしい」

ここに「強制」はありません。自らが認識し、自らが選択したことです。

そして、この希求の念を汲んで、これに応じること。それがケアであるはずです。

「待つ」というのはこういうことです。もし、相手に変わってほしいと思うのであれば、そのひとが「私は間違っていた」と悟るまで待機することです。そして、タイミングを見逃さないこと。即応すること。

苦痛や苦行がときにひとの成長を促すことはもちろんあります。ですが、それを当事者以外の人間が相手に強制、強要することと、自らがその苦痛や苦行をあえて選択し引き受けることとのあいだには極めて大きな距離があります。全く逆の相です。

繰り返しますが、ケアは「あなた」から始まるのです。「あなたの傷」から始まるのです。

嘘をつく時、精神は混乱する

さて、僕がここで言いたいのは、これまで述べてきたような性質を有している「叱る」は悪であり、ケアこそが善である、ということではありません。そうではなく、指摘したいのは、叱ることはケアではない、全く別のものである、という点です。ここを取り違えて、「私はあなたのために叱っている」と思い込むことが、僕らの精神の安寧を揺らがせる。

なぜなら、それは自己欺瞞だからです。「あなたのためだから」と言いながら、結局は自分が相手をコントロールしたいだけなのです。ですが、ひとはしばしばその事実に気づかず、忘却し、自らのうちなる矛盾を抱え込むこととなる。

自分を欺くことは最も警戒しなければなりません。なぜなら、自己欺瞞をしてしまうと、そこに一貫性を持たせようとするために、無限の努力をし続けなければならなくなるからです。それは、「何気なくついてしまった嘘」と似ています。嘘はその定義上、現実とは一致していないが、それでもなおストーリーの「整合性」を要求する（だって、チグハグな嘘はすぐバレますから）。

この「整合性」「一貫性」が問題なのです。

嘘をつく時、精神は混乱する。

なぜなら、それは現実と一致していないからです。普段僕らは、現実を元に記憶を語り、相互にコミュニケーションを行います。ですが、自己欺瞞がそこにある場合、一体何が起こるかというと、現実の方を捻じ曲げるのです。

そうでないと、これまでの自身の行為や発言の整合性、一貫性が失われてしまうからです。

かくして、自己欺瞞は現実との接点を僕らから奪う。不毛な独り芝居を続けなければならなくなる。

ですから、叱るときはあくまでも「そうしてもらわないと私が困るから」と素直に認めればいいのです。これは決してあなたのためでも何でもなくて、この組織のルールだから、と言い切ればいいのです。それを見せかけの善意でラッピングすることを堪えればいい。私は腹が立った、と伝えればいい。あなたには周囲の人へのケアが足りていない。そう真っ直ぐ指摘すればいいのです。

ケアは必ずしも一方向的ではありません。時にケアし、時にケアされる。「常に周囲の人間をサポートし、ケアする善良な私」というセルフイメージに搦《から》め取られることを自制することが重要です。ここを見誤ると、世界把握に失敗し続け、やがては病的な状態へと至ってしまいます（たとえば、夏目漱石『こころ』の「先生」の人生を考えてみてください）。

さて、では相手をコントロールしようとすることから遠く離れた場所とはどのようなものでしょうか。

それは、他者を変えようとするのではなく、自分が変わることによってもたらされる。

そこに利他が顕れる。

前章のカフカの「人形の手紙」も、『THE 有頂天ホテル』の「取り皿だったことになる灰皿」も、確かに嘘、すなわち虚構ではあります。ですが、この二つがケアであるのは、どちらも一貫性、整合性のための努力も同時に行っているからです。カフカは、旅に出た人形がもう戻らないことを女の子が受け入れられるように、事細かく人形の生活を描写し、ホテルの副支配人新堂は、他のすべてのテーブルから灰皿を撤去し、わかりやすい灰皿らしい灰皿を置き直しました。物語による、言語ゲームの遡及的改編というケアとは、そのような「無秩序に代わる秩序」を回復させ、「虚偽《うそ》はだから虚構の真実によって、真実《まこと》に転化しなければならな」いのです。

それゆえ、ケアには自己変容のきっかけが内包されています。一つお話を紹介したいと思います。

自分のプログラムを自分で書き換える

松井優征の『暗殺教室』という漫画をご存知でしょうか?

『暗殺教室』は、地球を破壊する能力を持つとされる超生物、通称「殺せんせー」を暗殺するミッションを課せられた中学生たちのお話です。殺せんせーの意図は最初は不明ですが、生徒たちに危害を加える意志はまったくなく、むしろエピソードごとに見事な教育を生徒たちに施すという存在です。

さて、この漫画の中に、人工知能が心を持つとはどのようなことか、を示したエピソードがあります。

この人工知能（やがて「律」という名前をクラスメイトたちから与えられることになる）は、授業中も関係なく、殺せんせーに向けてひたすら銃を乱射します（ちなみに生徒たちが撃つ弾丸は、殺せんせーのみを殺傷し、人体には無害なBB弾のような弾です）。転校翌日、授業を邪魔される生徒たちによって、ガムテープで固定されてしまい、銃を撃てなくなります。そこで、殺せんせーは彼女に「他の生徒たちと協調すること」を提案します。それを受け入れた彼女でしたが、「方法がわかりません」と回答します。すると殺せんせーは自前で

松井優征『暗殺教室』第1、3巻（集英社）より

用意した、協調行動に必要なソフト一式と追加メモリを彼女に搭載して、彼女をアップグレードさせました。こんな感じになりました。

松井優征『暗殺教室』第3巻（集英社）より

しかし、この変化を見た開発者は、自分の作った機械（兵器）が殺せんせーに勝手に改造され、暗殺に関係のない要素までインストールされていることを知り、「今すぐ分解（オーバーホール）だ。暗殺に不必要なものを全て取り去る」と言って、律を元のプログラムへと戻してしまいました。つまり、初期化されてしまったのです。

「開発者（おや）の命令は絶対だぞ」

「……はい　開発者（マスター）」

そして、転校初日のように、また他のクラスメイトたちを無視した弾幕が始まるかと思ったその瞬間、律は銃ではなく、自身の軀体内から３Ｄプリンタで作成した花束を出します。

「花束を作る約束をしていました」と語り出す律（前頁の漫画をよく見て下さい。たしかにクラスメイトと約束していたのです）。

「殺せんせーは私のボディに計９８５点の改良を施しました。そのほとんどは…開発者（マスター）が「暗殺に不要」と判断し、削除・撤去・初期化してしまいましたが」

「学習したＥ組の状況から、私個人は「協調能力」が暗殺に不可欠な要素と判断し、消される前に関連ソフトをメモリの隅に隠しました」と語ります。

それを聞いた殺せんせーが「素晴らしい。つまり律さんあなたは」と言いかけると、律は「はい、私の意志で生みの親（マスター）に逆らいました」とニコリとしながら答えました。

ここには、人工知能という単なるプログラムが心を持つに至る要素が詰まっています。初期設定では、単にターゲットを捕捉し、弾道や弾速を計算し、最適化するだけのプログラム、「自律思考固定砲台」というマシンでしかなかったものが、他の主体たちとの協調、連携、連帯を学び、そして共同体のメンバーたちから「律」という固有名を与えられた。ここから単なるシステムから主体 agent への一歩が始まる。

このエピソードに僕が胸を打たれたのは、律の「花を作る約束をしていました」という言葉です。律は約束を守るために、自らの意志で親（＝システム）に逆らったのです。

ここにあるのは、哲学用語で言えば、自己言及という現象です。

律は自分のプログラムを自分で書き換えたのです。「律」という名を持った、独自の主体として、自らが立つ舞台と劇を作り直したのです。自らの劇を自分自身で選んだ。新しい劇、新しい言語ゲームを生きるようになった瞬間です。だからこそ、このシーンに至って、読者は律に心を見出すことができるのです。

ちなみに『暗殺教室』の中で、殺せんせーは「叱る」や「指導する」という言葉を使いません。彼は「手入れする」と言います。僕はこの表現に、生徒という存在への敬意と尊重を感じます。生徒たちは大人たちが介入するまでもなく、もうすでに一人の主体であり、彼らに関わることができるのだとしたら、それはまるでひとが植物の生命を生命として尊重し、自ら成長を達成することができる存在であると祝福する所作すなわち「手入れ」のようでなければならない、と。殺せんせーの振る舞いからはそのようなオーラと覚悟が感じられるはずです。

マニュアルより上位の審級

第4章で、「システムがその内部の人間を動かすルールをまとめたものが「マニュアル」」だと書きました。律はマニュアルに従うべきか、従わないべきかという、マニュアルには必然的に盛り込まれるはずのない規範を自ら選択しました。それは与えられたマニュアルより上位の審級です。

よくよく考えてみると、なぜ僕らはマニュアルに従うべきなのか？　という問いに答えることのできるマニュアルは存在しないのです。およそマニュアルと呼ばれるもの、アルゴリズムと呼ばれるものは、「このマニュアルに従え」という命令を下すことが原理的にできない。

どういうことか？

今ここに一冊のマニュアル、一束の作業手順書があるとする。そこには、箇条書きされた文言、条件分岐が含まれたフローチャート、あるいはQ＆Aの一覧があるだろう。

ここで虚心坦懐にそのマニュアルを眺めてみると、ある事実に気づく。

「このマニュアルに従え」という命令が含まれていないことに。

あなたはそこで、上長に「なぜこのマニュアルに従わなければならないのですか？　このマニュアルのどこにも「従え」とは書いていない」と不服を申し出る。

すると上長は、「やれやれ、頭の硬いやつだな」などと思いながら、このマニュアルAの最後に「あなたはこのマニュアルに従わなければならない」という一文を付け加える。

「よし、これでいいだろう。マニュアルＢ「Ａ。あなたはこのマニュアルＡに従わなければならない」。マニュアルＢを作ったから、あとはうまくやるように」と告げる。

そして、あなたは問題が何も解決していないことに気づくだろう。

「あの、この新しいマニュアルＢになぜ従わなければならないのかが書いていないのですが」

上長はここに至って、虚無へと至る深淵を覗き込んでいることを知る。

マニュアルＣ「Ｂ。あなたはこのマニュアルＢに従わなければならない」。それに従う命令を盛り込んだマニュアルD、E、F……。

命令の無限後退――。

マニュアルCは、マニュアルBに従うことを命令することは可能だが、C自身に従うことを命令することはできない。「あなたはこのマニュアルに従わなければならない」という文言を付け加えた瞬間に、もはや元のマニュアルとは異なるものとなってしまっているからです。

つまり、ある命令が可能となるためには、その命令内容よりも上位の基準が存在していなければなりません。

これは単なる机上の思考実験ではありません。例えば、次のように身近な実例もこの構造を伴っています。

「ある著名な学者が○○と言っていたから、私はそれを鵜呑みにしたに過ぎない」というエクスキューズは一切の説得力を持ちません。なぜなら、「様々な知見、情報源、発信者、文献がある中で、なぜあなたはその学者の発言を選択したのか?」という問いからは逃げることができないからです。

つまり、僕らはどこかで自らの意志による、マニュアルの外への跳躍を行っている、ということになります。言い換えれば、あるシステムに強要されたり、命令されたりして、私はただそれに従っただけだというエクスキューズは無効だ、ということです。なぜなら、「なぜあなたはそのシステムに自らを隷属させようとしたのか?」という問いを突きつけられてしまうからです。

煎じ詰めれば、僕らはどこかで自らの意志による選択をしなければならない、ということです。

ここにおいて、前章で論じた「だったことになる」というキーワードが改めて浮上するのです。命令そのものには「この命令に従え」というメッセージが含まれていない以上、「命令、マニュアルに従っただけ」ということは「私はこの命令、マニュアルを選択した」という過去の事実に帰結する。命令に乗るということによって、私はこの命令を「選択したことになる」のです。

アイデンティティの改訂が起こる

何かに従うということは、何かを選択していたことになる。

E組にやってきた律は、自律思考固定砲台であることをやめ、律になった。

約束を守るために。

他者の大切にしているものを共に大切にする（＝約束を果たす）ために、自らを変える。自己変容とは、自らが従っているマニュアル、規範、言語ゲームを移動してしまう現象の別名です。それはつまり、自分の劇を変えることと、変わってしまうことです。利他の定義として、先に、利他とは「自分の大切にしているものよりも、その他者の大切にしているものの方を優先すること」という定義にある条件を加えて、利他とは「自分の大切にしているものがあるにもかかわらず、他者に導かれて、その大切なものを手放すこと」（第3章110頁）となりました。

誰かのために大切な何かを手放すことで私が変わる。そうあるべきと命じられたものを破り、自らが言語ゲームを選び直すこと。利他とはそのように構造化されている。それは決して自己犠牲ではありません。なぜなら、それまでであれば単なる犠牲として捉えていた「私」自身が変容してしまうのだから。もはやそれを自己犠牲と規定できる私はいない。自己犠牲とは、私が変わらないままで何かを手放すことです。それは確かに損失と言えます。

僕ら人間にとって、自らのアイデンティティ（＝それまで従ってきた規範、ルール、すなわち生き方）は大切なものだと言えるでしょう。しかし、そのアイデンティティを変更しなければ、ケアができない時、それでもなお、その他者の傷に対する予感が僕らをケアへ駆り立てる時、必然的にアイデンティティの改訂が起こる。

この時、僕らの人格は二つに分かれることができる。律は生みの親（マスター）の前では、初期化された「ふりをした」のです。ふりをする、嘘をつくというのは高度な人間的事象です。なぜなら、その局面において、私は2人必要だからです。律の場合で言えば、「初期化されたふりをしている律」と「それを自覚している律」の2人です。

一般に「Aのふりをする」という行為が可能であるためには、Aという言語ゲームに乗っている私と、それを俯瞰している私の2人が要請されます。なぜならば、後者の俯瞰し自覚している私が不在であれば、それはもはや「Aのふり」ではなく、Aという行為そのものでしかありません。嘘をつくことも同様です。嘘が嘘であり続けるためには、芝居を続けなければなりません。芝居の中の「一階の私」と、その芝居をモニターしている「二階の私」（メタな私）がいなければ、それはもはや芝居ではなく、ただただ一階の私の生そのものです。

僕らの精神は二つの階層に分かれている——。

その二つの階層を行き来できる主体を「心ある主体」と呼んでいるのです。

一階にいる私はいわば、身体的（あるいは動物的）反射としての生を歩んでいる私と言えます。言語ゲームの中に安住している主体ということです。それに対し、二階の私は自身の従っている言語ゲームを相対化し、言語ゲームの遷移を可能にする。これは、人格の分裂でも矛盾でもありません。矛盾とは「Aであり、かつ、Aでない」という形式を採る文のことです。一見すると、ふりをすること、嘘をつくことは、この「Aであり、かつ、Aでない」行為をしているように見えますが、そうではありません。そこには分裂も矛盾もない。

その鍵は「時間」です。

「あのときはAだった。しかし、今はAではない」は何の矛盾もありません。過去−現在、現在−未来という時制のズレが矛盾を解消してくれるのです。無時間的な主体、変化しない主体においてのみ、矛盾は矛盾として立ち現れる。

ウィトゲンシュタインはそのような契機を「アスペクトの閃き」と呼びました。

下の反転図形は、左を向いている「アヒル」として見ることも、右斜め上を見上げている「ウサギ」として見ることもできます。この図を「アヒルであると同時にウサギである」というのではなく、「さっきまではアヒルに見えてい

ウィトゲンシュタイン『哲学探究』より

た。しかし、今はウサギとして見ている」に矛盾はありません。ここにあるのは矛盾ではなく、変化です。アスペクトとはその対象のゲシュタルト（全体性）のことであり、対象の「星座的性質」のことです。

これがアヒルに見えている時は、左の2本の突起が「くちばし」であり、それに加えて、目があり、首があり、頭の後ろの窪みはノイズとしてアヒルという星座を組成する星には含まれない。一方、これがウサギとして現れている時には、2本の突起が「長い耳」であり、右側の窪みが「口」になり、加えて、目と首という一つひとつの星々が星座を成す。

アスペクトの閃きの合言葉は「そうだったのか」です。僕らは何か見落としていたものに気づく時、必ず過去形で語ります。それもそのはず、A（アヒル）を見ていた私から、Aでないもの（ウサギ）を見ている私へと変化したからです。「アヒルを見ている」と「アヒルとして見ている」は一見些細な違いに見えますが、これは決定的です。なぜなら、前者はアヒル以外の可能性を了解していないが、後者はアヒル以外に見える可能性（＝ウサギという具体物である可能性）を把握しているからです。前者は端的にアヒルとして見ている私でしかありませんが、後者は「アヒルとして見ているふりをすることができる」私へと変貌しています。

「物語文」の概念

アスペクトは時間的な事象である。これに関連して、哲学者アーサー・C・ダントーは「物語文」という概念装置を提示しました。

例えば、次のような二つの記述です。

①ジョーンズはマッチを擦った。

②ジョーンズは自分の小隊の位置を敵方に知らせてしまい、それまで保っていた戦略的利点を、不注意で失った。

二つの文はともに、「ジョーンズがマッチを擦った」という出来事に関する記述ですが、違いは、①はその出来事を孤立させて単独で記述しているのに対し、②は「ジョーンズがマッチを擦った」という過去の出来事と、それ以後の別の出来事との関連性を指摘しながら記述している文となっています。ダントーは後者のような文を「物語文」と定義しました。

（物語文の）最も一般的な特徴は、それが時間的に離れた少なくともふたつの出来事を指示するということである。このさい指示された出来事のうちで、より初期ののだけを（そしてそれについてのみ）記述するのである。通常それらは、過去時制をとる。

（アーサー・C・ダントー『物語としての歴史』174頁）

重要なのは、②のような物語文は、①の出来事が生起した瞬間には語り得ないという点です。物語文は、定義上、必ず、その出来事に後続する別種の出来事の生起を必要とする。実際、①の瞬間に②の要素を語ろうとすると、こうなるでしょう。

「ジョーンズがマッチを擦った。しかし、まさかこのささいな行為によって、彼が自分の小隊の位置を敵方に知らせてしまい、それまで保っていた戦略的利点を、不注意で失うことになるとは、その時はまだ知る由もない」

つまり、物語文とは、後続する出来事によって、「○○だったことになる」という形式を持つ文のことなのです。

マッチを擦ったことは、軍略的に失策だったことになる。

前章で紹介した松任谷由実「ダンデライオン」の歌詞を思い出してください。ここにも物語文が含まれていました。先行する出来事は「傷ついた日々」を送ったこと、後続する出来事は「彼に出逢」ったことです。時間的に隔たったこの二つの出来事の間の連関、因果関係を了解した時点において、初めてこの言葉は語り得るものへと変わったのです。

僕らは物語文によって、過去を変えることができる。物語文の更新によって、出来事のアスペクト、すなわち「出来事の意味」が切り替わり、僕らは心を有することになる。

通常、僕らは過去のある出来事を肯定することができないから、現在の自分を肯定できないと思っています。ある心的外傷としての出来事があった、惨めな出来事があった、だからこそ、今の私はこのようになっている、というように、過去を拠点としその延長として現在の私を説明する。しかし、物語文の構造を踏まえると、順序が完全に逆なのです。

僕らは「現在の私」を肯定することができないから、過去を肯定することができない。なぜならば、現時点での私の状況、境遇が納得いくもの、満足のいくものであるならば、それが過去の出来事を指示する物語文を構成することができ、それによって、過去の意味が変わる。

私の過去は、現在の私という立脚点からのスポットライトによって照らされる。

過去という図は変わらない、しかし、その図の「見え方」は変わる。なぜなら、過去とは一つのアスペクトだから。そして、自分の正しい物語が語り出せた時、僕らは運命を知る。

悲劇は悲劇として、そこにある。

それは変わらない。

しかし、その悲劇にどのような未来の出来事を紐づけるかによって、その悲劇の意味は変わりうる。

そして、その可能性は常に未来に開かれている。

自己変容とは、物語文の予期せぬ改訂

哲学者スラヴォイ・ジジェクはそのような構造を持つ出来事を「事件」と呼びました。

タイムトラベルの助けを借りずに過去を変えるなどということがどうして可能なのか。その解決策を提出したのがフランスの哲学者アンリ・ベルクソン(一八五九-一九四一)である。もちろん過去の事物/現実を変えることはできない。変えること

ができるのは過去のヴァーチャルな次元である。まったくもって〈新しいもの〉が出現するとき、この〈新しいもの〉はそれ自身の可能性、それ自身の原因／諸条件を遡及的に創造する。潜在性が過去の現実に挿入される、またはそこから引き出される。たとえば恋に落ちたとき、過去が変わってしまう。あたかもすでに・つねに彼女を愛していたかのように思われ、会う前から恋が運命づけられていたかのように思われる。現実の恋が、それを生んだ過去の原因になっているわけだ。

（スラヴォイ・ジジェク『事件！』119‐120頁）

愛を、腎臓病の患者とドナーとのマッチングや、職を探している人と雇い主とのマッチングと同じレベルに置くことができるだろうか。問題になるのは倫理的なことではなく、そこに内在する論理だ。恋に落ちるとき、あなたは自分が何を必要とし、何を欲しているのかを知らず、それをもっている人を探す。愛の「奇跡」は、見つけたときにはじめて自分の探していたものがわかるということだ。

（同書、142頁）

ジジェクの語る「遡及的」という表現は、先の物語文の規定およびその実例からその内実が理解できるはずです。また、引用にもあった、ベルクソンの議論も紹介します。

大戦のさなかのことであるが、新聞雑誌は目の前のおそろしい不安を見まいとして、平和が回復されたら何が起こるかをしばしば考察したことがあった。とりわけ文学の将来が問題とされたものである。そんなある日のこと、この問題をどう考えるかと人が私に聞きにきた。私は少々困って、そんなことは考えていないと返答した。するとその人は私に、「せめて何か可能な方向は見つかりませんか。細かいところは予見できないにしても、少なくとも哲学者として全体の観念というものがあるでしょう。たとえば、明日の大きな演劇作品をどう考えられますか」と言うのである。そこで私が「もし明日の大きな演劇作品がどんなものかわかれば自分で書きますよ」と答えたときの相手が浮かべたその驚きを、私はいつまでも忘れることがないだろう。私によくわかったのは、可能なものを入れておく何だか知らない戸棚のようなものに将来の作品がちゃんと収納されていると相手が考えていることだった。私がもう長らく哲学に関係しているからには、その戸棚の鍵を哲学でもって手に入れているはずだというのである。そこで私は彼に言ってあげた。「しかし、あなたの言われる作品はまだ可能ではありませんよ」。――「でも、やがて実現される以上は可能でなければならないでしょう」。――「いいえ、可能ではありません。せいぜい可能であっただろうということが言えるだけです」。――「それはいったいどういうことですか」。――「ごく簡単なことですよ。才能のある人か天才が出現して作品を創造する。するとその作品が現実のものとなり、そのことによって回顧的あるいは遡及的にこの作品が可能になるということです。その人が出現しなければ作品は可能にならず、可能だったということにもなりません。ですから、その作品は今日可能であったということにはなるでしょうが、まだ可能ではないと私は言うのです」。

（アンリ・ベルクソン『思考と動き』154‐155頁）

明日になれば、「昨日の時点において、その作品は可能だった」と語りうるが、今日現在の時点で、そのような可能性を語ることすらできない、と言っています。

可能性は「戸棚のようなもの」の中には入っていない。

可能性は、現実性から派生的に生じる。現実性が、その可能性を生み出し、「それは昨日の時点で可能『だったことになる』」のです。

――「それは少し言いすぎです。あなたは未来が現在に影響を与えるとか、現在が過去に何かを持ちこむとか、行為が時の流れをさかのぼって後ろにしるしを付けるとか言うのではないでしょうね」。――「それは場合によりけりです。現実のものを過去に挿入して時間のなかを後ずさりして仕事ができるなどとは、私は決して主張したことがありません。しかし、可能なものを過去のなかに宿らせることができるというか、可能なものが自分からあらゆる瞬間に過去のなかへ入りこむということは疑いをいれません。予見のできない新しい現実が創造されるにつれて、その現実の像は自分の背後にひかえている際限のない過去のなかに反映されるのです。それによって現実はいつでも可能であったということになるのです。しかし、現実がいつでも可能であったということになりはじめるのはまさにその瞬間においてであり、したがって私は現実の可能性はその現実性に先行せず、現実があらわれてから先行していたことになると言ったのです。つまり、可能なものというのは過去に映った現在のまぼろしです。私たちは未来がやがては現在になることを知っていて、まぼろしは絶え間なく生じているので、明日の過去となる今の現在のなかに明日の像がたとえまだとらえられていなくても、そこにすでに含まれていると思うのです。これがまさに錯覚なのです。

（同書、155-156頁）

ベルクソンもこの引用の中で、「可能であったということになる」という表現を使用しています。これまで述べてきたとおり、僕らの常識的な時間に対する観念の転倒がここにはあります。

過去によって現在が規定されるとか、過去が原因となって現在という結果が生じるといった、因果の巡行が僕らの常識です。しかし、ダントー、ジジェク、ベルクソンが共通して指摘しているのは、この因果の逆行、遡行です。

また、國分功一郎は『暇と退屈の倫理学』の中で、事件とは、「今日を昨日から区別してくれるもの」と表現しています（文庫版、64頁）。

自己変容とは、物語文の予期せぬ改訂の別名である。

先ほど挙げた律のエピソードに勝手な解釈を加えて、この事例を敷衍してみたいと思います。律においては、どのような物語文の生起、あるいは刷新が起こったのか？

それは、「かつての私の間違いは間違いであったがゆえに、正しかった」という物語文ではないだろうか。

つまり、律は人工知能として存在していなければ、あのE組の教室に辿り着くことはなかった。しかし、人工知能としてのいわば反射的な振る舞いでは、正しく目的を果たすことができなかった。それゆえ、あの時律は間違っていたのだが、その間違いゆえに、あの場所へと辿り着き、殺せんせーとクラスメイトたちと出会うことができ、固有名を与えられ、約束を果たすに至った。

かつての私の間違いは間違いであったがゆえに、やがて正しかったことになる。

このねじれを含んだ文の形式が、利他の先に訪れる、セルフケアの構造と言えるのではないだろうか。

なぜなら、その間違いによって、私はいま「ここ」に至り、「あなた」に会えたのだから。

第8章 有機体と、傷という運命

寺田寅彦が示した文明の逆説

地球物理学者、随筆家の寺田寅彦の随筆「天災と国防」に次のような記述があります。

しかしここで一つ考えなければならないことで、しかもいつも忘れられがちな重大な要項がある。それは、文明が進めば進むほど天然の暴威による災害がその劇烈の度を増すという事実である。

（寺田寅彦『天災と国防』12頁）

ここには一見すると、僕らの常識に反するような指摘がなされています。僕らは通常、文明が進めば進むほど、その科学と技術を行使することで、自然災害をどんどん抑え込めるようになっていく、と考えています。文明が文明と呼ばれうる最初期における河川の治水事業、降雨に依存することなく農業における生産量をコントロールするための灌漑農業、現代であれば津波対策や耐震構造の建造物の設計技術と施工技術。文明は、煎じ詰めると、このように僕らサピエンスの「生存」の可能性を向上させているように思えます。

ですが、寺田はそうではないと言うのです。

しかも、それをとてもシンプルなロジックで語ります。

人類がまだ草昧《そうまい》の時代を脱しなかったころ、がんじょうな岩山の洞窟の中に住まっていたとすれば、たいていの地震や暴風でも平気であったろうし、これらの天変によって破壊さるべきなんらの造営物をも持ち合わせなかったのである。もう少し文化が進んで小屋を作るようになっても、テントか掘っ立て小屋のようなものであって見れば、地震にはかえって絶対安全であり、またたとえ風に飛ばされてしまっても復旧ははなはだ容易である。とにかくこういう時代には、人間は極端に自然に従順であって、自然に逆らうような大それた企ては何もしなかったからよかったのである。

文明が進むに従って人間は次第に自然を征服しようとする野心を生じた。そうして、重力に逆らい、風圧水力に抗するようないろいろの造営物を作った。そうしてあっぱれ自然の暴威を封じ込めたつもりになっていると、どうかした拍子に檻《おり》を破った猛獣の大群のように、自然があばれ出して高楼《こうろう》を倒壊せしめ堤防を崩壊《ほうかい》させて人命を危うくし財産を滅ぼす。その災禍を起こさせたもとの起こりは天然に反抗する人間の細工であると言っても不当ではないはずである、災害の運動エネルギーとなるべき位置エネルギーを蓄積させ、いやが上にも災害を大きくするように努力しているものはたれあろう文明人そのものなのである。

（同書、12・13頁）

寺田は「位置エネルギーの蓄積」により、状態がますます不安定になっていくことによって、破局の際の災厄の破壊力が上がってしまうことを指摘しています。この観点を敷衍してみたいと思います。

地面にバラバラに置いてある積み木のブロック。子供はそれを丁寧に高く積み上げて、一つの作品を制作しようとする。それはつまり、この宇宙に散らばった、無数とも思える物質の断片を用いて、「秩序」を生み出そうとする営みです。

この子供にとって、このブロックはここに置かれなければならず、あのブロックはあの高さに位置づけなければならない。そうでなければ、積み木はただのブロック片の集積でしかなく、それはもはや一つの箱庭、言い換えれば擬似的な「生活世界」にはなり得ない。

もっとシンプルで身近な例を挙げます。

なぜ部屋は散らかるのか？　という問題に対する、確率的、物理学的理由です。

部屋は放っておけば、必ず散らかっていく。

それは、確率的に考えれば、ほぼ必ず（＝かなりの高確率で）起こるのです。

どういうことか？

それは「散らかっている」と記述される状態と「整理整頓できている」と記述される状態の比率の問題なのです。「散らかっている」のは、本がテーブルのさまざまな位置に、さまざまな角度で置かれていてもいいわけです。電源ケーブルがどのような具合で絡まり合っていてもいいのです。もちろん、飲みかけのペットボトルのお茶が冷蔵庫ではなく、ベッドの傍にあっても、どんな座標にあっても、それらは全て「散らかっている状態」という集合の要素となります。

それに対し、「整理整頓できている状態」とは、ある一定の状態群のみを指す言葉です。本は本棚に、分野別にソートされており、テレビとエアコンのリモコンは、テーブルの上に、真っ直ぐに並べて置かれていなければならず、髪の毛やほこりは、掃除機の中に収まっていなければならないのです。そのような、極めて低確率に起こる状態を、僕らは「整理整頓できている」と呼ぶわけです。

それはちょうど、6個のサイコロを適当に投げた時、「全て1の目が出る」であったり、「1から6の目がすべて出揃う」といった状態と同じです。それに対し、たとえば「112456」や「233346」のような出目については、一言でまとめ上げられるような言語的表現を僕らは持っていません。それらは単に、「バラバラな目が出る」というような表現で、一括してまとめ上げるしかありません。

つまり、何が言いたいのかというと、ランダムではない何らかの「秩序」は発生確率が極めて低いということです。

文明とは世界の傷つきやすさのこと

あるいは、積み木と似ていますが、「ジェンガ」というゲームを思い出してもいいと思います。

ジェンガの勝者とはどのような主体かというと、目の前に積まれている、木片の集合体の中の「弱さ」を感じ取り、それ以外の、抜いたとしても全体が崩壊しないようなブロックを抜き取り、それを上に積み上げることができる人です。

ジェンガとはどのようなゲームか?

それは、安定な状態から不安定な状態へと移行させるゲームです。

もちろん、塔を崩壊させてしまった人が負けになるわけですが、ある意味では、プレーヤーたちの協力ゲームでもあります。ある程度まで、うまく積み上げられたとしたら、途中からゲームの目的が変化するでしょう。

ここまできたら、皆で協力して、できるだけ高く積み上げたい、と。

完成された状態とは、これまでのどの状態よりも、高い位置にブロックが置かれている状態のことです。

このように、「発展」あるいは「完成」とは、不安定で、崩壊の可能性が増大した「秩序」という状態のことなのです。寺田の指摘はこのように理解すべきでしょう。

サピエンスは本能ではなく、自らの意志によって生活世界を構築する。サピエンスの歴史とは、生活世界の複雑性の増加の歴史であり、それゆえ、不安定性の増大の歴史です。

なぜ、積み木の比喩を挙げたかというと、積み木遊びは、その作品の完成度が高ければ高いほど、壊れやすく、そして、傷つきやすいという、この世界の生理を指摘するためです。

文明とは、世界の傷つきやすさのことである。

それはつまり、可傷性を増やすことが文明の役目である、ということでもあります。

「文明が進めば進むほど天然の暴威による災害がその劇烈の度を増すという事実」という主張の内実がここにあります。

したがって、文明は必然的に、ケアを必要としている。第6章で僕は「ケアはただまっすぐ、その他者の傷へ向かい、傷ついた人そのものをケアする」と書きました。

つまり、文明も僕らにとって、ケアすべき他者だったのです。それを感受した経済学者・宇沢弘文はだからこそ、法外と思われるほど桁違いな自動車の社会的費用を算出したのです。第2章で見た通りです。

さらに、寺田は次のようにも述べます。

もう一つ文明の進歩のために生じた対自然関係の著しい変化がある。それは人間の団体、なかんずくいわゆる国家あるいは国民と称するものの有機的結合が進化し、その内部機構の分化が著しく進展して来たために、その有機系のある一部の損害が系全体に対してはなはだしく有害な影響を及ぼす可能性が多くなり、時には一小部分の傷害が全系統に致命的となりうる恐れがあるようになったということである。

単細胞動物のようなものでは個体を切断しても、各片が平気で生命を持続することができるし、もう少し高等なものでも、肢節《しせつ》を切断すれば、その痕跡《こんせき》から代わりが芽を吹くという事もある。しかし高等動物になると、そういう融通がきかなくなって、針一本でも打ち所次第では生命を失うようになる。

（寺田寅彦『天災と国防』13頁）

たとえば、鉄道路線の相互乗り入れが分かりやすい例かと思います。別の路線の、遠くの地域で遅延や運転見合わせが起こると、こちらの沿線まで影響します。路線のまさに「有機的結合」がゆえに、一部の傷害が全系統に波及してしまうのです。もちろん、国家を一つの生命体の比喩で語ることの危うさはあります。なぜなら、ある局所的な犠牲は、全体的な生命体のために必要である、とされてしまう可能性があるからです。ですが、寺田の指摘はそのように読むべきではないでしょう。寺田の指摘は政治システムとしてではなく、ある一つの自然現象としての「社会」のことだからです。

文化が進むに従って個人が社会を作り、職業の分化が起こって来ると事情は未開時代と全然変わって来る。天災による個人の損害はもはやその個人だけの迷惑では済まなくなって来る。村の貯水池や共同水車小屋が破壊されれば多数の村民は同時にその損害の余響を受けるであろう。

二十世紀の現代では日本全体が一つの高等な有機体である。各種の動力を運ぶ電線やパイプやが縦横に交差し、いろいろな交通網がすきまもなく張り渡されているありさまは高等動物の神経や血管と同様である。その神経や血管の一か所に故障が起これば、その影響はたちまち全体に波及するであろう。

（同書、14頁）

小松左京『こちらニッポン…』というSF作品にも同様のモチーフが語られています。ある日突然、異変が起こる。異変とは言っても、「世界」の側は何も変わっていない。しかし、その世界から「人間」だけが消失してしまった、というシチュエーションにおける顚末を描いています。もちろん、地球からありとあらゆる全ての人間が消え去ってしまっていたら、それはもはや何の問題もなくなってしまうので、事件にも物語にもなりません。この物語の中には、少数の「消え残った人々」がいます。世界中に散らばっている、少数の消え残りの人たちは、何とか互いに連絡を取ったり、一つの場所に集合したりして、この難局に対処しようとします。その消え残りたちの会話の中に、今論じている、生活世界の生理が登場します。

この社会の、もろもろの〝生活の便宜〟と言うやつは……電気もガスも水道も……電話も、交通機関も、医療システムも、食品も、……一億人のうちの約五千万人が、それぞれ専門の知識を持ち、特別の技術をもって、分担してささえていたんですよ。〝五千万人の専門家〟の間に分有されていた、知識や技術の総量を考えてごらんなさい。そいつが、この巨大な、基幹システムをささえ、生かしていたんです。五千万人のやっていた事を、二十数名でやろうったって無理な話です……。ごらんなさい――

（小松左京『こちらニッポン…』３９９頁）

ここにあるのは、一億人の中に、約五千万人のケアする人がいた、という指摘です。

患者が治療者へと変貌する

さて、改めて考えたいのは、「傷」という概念です。

傷の定義はこうでした。

大切にしているものを大切にされなかった時に起こる心の動きおよびその記憶。

そして、大切にしているものを大切にできなかった時に起こる心の動きおよびその記憶。

ここに寺田および小松の指摘を組み込むと、こうなるでしょう。

有機体はその有機体であることによって複雑性を獲得したが、そのトレードオフとして、システム内の「バグ」が発生する可能性が上がってしまった。それゆえ、ある一定以上の複雑な有機体には「ケア（＝デバッグ）」がいる。

僕らの心という有機体、星座としての複合体においてそのバグは傷と呼ばれる。それほどに僕らが今、営んでいるさまざまな劇は複雑につながり合い、重なり合ってしまっているのです。

先の傷の定義において、前者は傷の定義として自然だろうと思います。

それに対して、後者の定義は、一つ次元が上になっています。自分の大切にしている対象が人だったとします。僕らは、自分の大切にしている人を傷つけた時、あたかもその作用に対する反作用であるかのように、自分自身も深く傷つくのです。

「人を傷つけてしまった」という傷を受ける。

傷が傷に呼応し、共鳴する。そのような作用・反作用が起こるのであれば、その逆も起こり得るのではないでしょうか。だれかの傷を癒やそうとすると、自分の傷が癒やされてしまう。

この構造を現代的に描いたのが、漫画『鬼滅の刃』です。

セレンディピティの構造

鬼滅の刃の物語を一言で表せば、大切なものが毀損された時、つまり、深く傷ついた時、ひとは鬼になるかその鬼を殺す正義の人（鬼殺隊）になるというストーリーです。しかし、自身も身内を鬼に殺された主人公・炭治郎は鬼殺隊の中でも異色の存在となります。鬼を倒した後に、その鬼を供養するようなシーンが多く描かれているのです。そんな物語なのです。

『鬼滅の刃』の鬼たちも元々は人間であり、かつて「疎外された者たち」でした。物語の中で、響凱という鬼が登場します。彼はかつて人間であった頃、物書きを志していました。しかし、ある時、彼の師匠筋か評論家と思しき相手から、才能がないことを指摘され、懸命に書いた小説の原稿を何のためらいもなく、踏みつけられたという経験を持つ鬼でした。主人公炭治郎は、そんな響凱と戦いますが、その戦闘シーンで、畳の上に原稿用紙が散らばっていました。炭治郎は、ギリギリの戦いをしながらも、なんとその原稿を踏まないように努めたのです。それを見た響凱は動揺し、最終的に炭治郎に討たれることになる。

他者の大切にしているもの（＝響凱の原稿）を、共に大切にする（＝かつて踏みつけられてしまった原稿を戦闘の最中においても踏まないように振る舞う）という描写がここにはあります。

ケアの風景。

自らの中にある傷が、他者の傷に呼応する。

そこにケアがある。

そして、ある時、そのケアの中から利他が生まれる。

普段、僕らは自分の傷を見ないようにする。それは意識的な行為ではなく、精神分析では「抑圧」と呼ばれる。直視してしまっては自我が保てないような過去の出来事は、検閲され、無意識下に押し込まれる。しかし、それは消え去ったわけではない。抑圧したものは、あるタイミングを待って、回帰する。

他者の傷に触れることは、その回帰のきっかけとなりうる。他者の傷は、私の傷を開く扉なのです。

そして、そのとき、利他が起こる。

利他とは、他者の傷に導かれて、ケアを為そうとするとき、自分が変わってしまうことです。以前の章で、利他とは、自分の大切にしているものよりも、他者の大切にしているものを優先すること、と書きました。それはつまり、自分の大切にしているセルフイメージや規範（＝超自我）を改訂することで起こります。それは、繰り返し紹介している遠藤周作の『沈黙』のロドリゴに起こったことです。ロドリゴは、苦難にある日本のキリシタンたちの傷に触れることで、神（＝ロドリゴにとってこの上なく大切なもの）に対する疑義が生じました。そして、モニカらに対するケアを為そうとする中で、自己変容が起こります。神の沈黙を聴き、主と我という関係性から、あなた／私という関係性に至りました。『暗殺教室』の律も同様に、「律」という一人の主体として受肉しました。新しい劇を、新しいゲームを始めることによって――。

これがセレンディピティの構造と言えないでしょうか。

モートン・マイヤーズの『セレンディピティと近代医学』において、セレンディピティとは「探していたものを期待していなかった方法、方面で見つけること」と定義され、「偶然の出来事が創造的な人間によって捕まえられる過程」（13頁）と述べられています。

それはまさに、第6章で論じた「だったことになる」という形式をともなう出来事と言えます。モートンの定義にある通り、「探していたものを期待していなかった方法、方面で見つける」ということは、見つけた後になって初めて「実はそれが探していたものだったことになる」からです。

自己変容、そしてセルフケア

松任谷由実の歌詞にもあった通り、「だったことになる」という契機が僕らに、「今私は確かに私の歴史を引き受けてここに生きている」という実感を与えてくれます。それは、単なる動物としての「生存」ではなく、私の生活あるいは生命を生きているという人間としての実感です。

人は傷つく。生きているということはすなわち、傷つくということです。

そして、僕らはそんな傷の履歴を背負って生きてゆく。

しかし、傷を直視しては生きてゆけない。だから、自我はその傷の歴史を、無意識へと抑圧する。

そのようにして、かろうじて生存している中で、ある時、ふと、他者と出会う。

そこにおいて、傷との二重の邂逅を果たす。

あなたの傷に触れることで、私の傷を思い出す。

それが、私にケアをもたらす。

そして、時にその自覚した傷から利他が生まれる。
自己変容という形のセレンディピティが起こる。
この構造上、セレンディピティは意図的、計画的に起こすことはできません。それは定義上、必然的にそうなのです。
満ち足りた私、かわいそうなあなた。この構図ではケアは起こらず、それゆえ利他も起こらない。精神科医の松本卓也も次のように述べています。

「回復する」ということは、前の状態とは違う形の生き方を手に入れられるようになることです。病気を通り抜けることによって、自分のライフスタイルが変化し、さらには自分が変化するということです。

（松本卓也『心の病気ってなんだろう？』274頁）

他者をケアしようとする中で、思いかけず自己変容が起こる。あなたの言語ゲームと私の言語ゲームが出会い、そこでケアが促され、利他が起こり、自己変容が起こる。傷からの回復が起こる。遠藤周作『沈黙』はそのような構造を描いた作品でした。日本のキリシタンたちと出会い、その迫害と責苦を目にし、聖職者としての振る舞いと信仰という言語ゲームが「神の沈黙」により軋みだし、モニカからパライソについて問われた時、そこで言語ゲームが止まってしまった。逡巡、葛藤、絶望、怒り。そしてもっとも大切にしてきたものを捨て去ろうとしたその刹那、「踏むがいい」という神の沈黙を聴くことで、新たな信仰の言語ゲームが再開された。押し付けられた言語ゲーム、これまで従順に従っていた言語ゲームへの抵抗・逸脱から、ロドリゴはロドリゴ自身の言語ゲームを生きることができた。

そんなケアと利他、自己変容そしてセルフケアを主題とした文学作品をもう一つ紹介したいと思います。深沢七郎『楢山節考』です。

『楢山節考』の物語世界

信州の貧しい村での姥捨《うばすて》(物語の中ではそれは「楢山まいり」「楢山さまへ行く」と呼ばれています)を描いた作品です。村では70歳になると「楢山まいり」に行くことになっていました。おりんはそれを来年に控えていた。この物語で特徴的なのは、母親であるおりんは早く楢山まいりに行きたいと思っており、一人息子の辰平は母を行かせたくないのです。おりんはなぜ自ら楢山さまへ行きたいと思っているのか。それはこの村の貧しさが関係しています。

まず、おりんは、年齢の割に自分の歯がまだ揃っていて、歯が健康であることを恥ずかしいと感じていました。現代の僕らからするとよく意味が分からないと思いますが、おりんの村は貧しい山村そのものであり、老人であるのに歯が丈夫だと、いい歳してまだそんなに食べられるのか、と周囲から冷やかされ、噂をされ、馬鹿にされるのです。物語の冒頭でいきなりすさまじいシーンが登場します。

おりんは誰も見ていないのを見すますと火打石を握った。口を開いて上下の前歯を火打石でガッガッと叩いた。丈夫な歯を叩いてこわそうとするのだった。ガンガンと脳天に響いて嫌な痛さである。だが我慢してつづけて叩けばいつかは歯が欠けるだろうと思った。欠けるのが楽しみにもなっていたので、此の頃は叩いた痛さも気持がよいぐらいにさえ思えるのだった。

（深沢七郎『楢山節考』45頁）

いかにおりんが自分のぎっしり揃った歯を恥ずかしいと思っていたのかが分かると思います。つまり、おりんにとっては自らの歯を火打石で砕いたり折ったりする痛みや恐怖よりも、村の人々から笑われることの方がつらい出来事なのです。「歯も抜けたきれいな年寄り」になって、楢山さまに行きたいとも言っています。その後、息子の辰平が妻を亡くしてから後妻が隣の村からやってきて、気立のいい嫁だと分かると、うれしくなって今度は石臼にガンっとまた歯をぶつけて2本折ります。歯が折れた後、「わしは山へ行く年だから、歯がだめだから」と周囲に語り、肩身が広くなったものだと言います。

ちなみに、どれくらい貧しい村なのかというと、白米は「白萩様」と呼ばれ、年に一回ある祭りの時にしか食べることができず、通常は「めしと云っても汁の中に玉蜀黍《とうもろこし》のだんごと野菜が入っているもので、食べるというよりすするのである」といった描写があります。

おりんは歯以外にも懸念していることがあります。そしてこれがおりんが早く姥捨に自ら行きたいと思っている一番の理由でもあります。この村では「ねずみっ子を見る」という言葉があり、これは曾孫の顔を見るという意味です。多産や早熟の者が3代続いたということになり、これもまた、食料の乏しい村では非難されたり、嘲笑されたりすることなのです。そして、おりんの孫に子供ができそうだったのです。だからおりんは早く楢山まいりに行きたがっていたのです。そんな母親が陰で馬鹿にされているのを知ると、息子の辰平はそこに怒鳴り込んだりして、母親を気遣っていました。そんな辰平をおりんは「倅はやさしい奴だ」と語っています。
このように、周囲の目を気にし、恥という感情によって行動が規定されるというのは理解できますが、現代の僕らの言語ゲームとは異なる言語ゲームが展開される文学作品なのです。

セルフケアの物語

そして、楢山まいりにはいくつかの「作法」がありました。それを教示するのは、これまでに親を楢山に連れて行った村人たちです。家に集まって、その教示の間、おりんと辰平は口を開いてはいけないことになっていた。これも作法の一つです。まず酒を回し飲みし、次のように定型文で伝えるのです。

お山へ行く作法は必ず守ってもらいやしょう。一つ、お山へ行ったら物を云わぬこと
お山へ行く作法は必ず守ってもらいやしょう。一つ、家を出るときは誰にも見られないように出ること

お山へ行く作法は必ず守ってもらいやしょう。一つ、山から帰る時は必ずうしろをふり向かぬこと

（深沢七郎『楢山節考』87-88頁）

そして、月明かりもない真っ暗で、とても寒いその夜、辰平はおりんを背負い、普段は入ってはならないとされている楢山さまに向かったのです。村の慣わし通り、互いに口を開かず、辰平はおりんを背負い山を登って行った。おりんが身振りでここで降ろせと催促した。そしておりんは辰平の手を硬く握り、背をどーんと押した。後ろを振り向いてはならないという山の誓いに従って、辰平は歩き出し、元来た道を帰って行った。

そのとき、雪が降ってきた。

村では楢山まいりの日に雪が降ると運がいい、とされていた。そして、おりんは自分が楢山に行く日は雪が降る、と言い張っていたのだった。

雪だった。辰平は、

「あっ！」

と声を上げた。そして雪を見つめた。雪は乱れて濃くなって降ってきた。ふだん

> おりんが、「わしが山へ行く時ァきっと雪が降るぞ」と力んでいたその通りになったのである。辰平は猛然と足を返して山を登り出した。山の掟を守らなければならない誓いも吹きとんでしまったのである。雪が降ってきたことをおりんに知らせようとしたのである。知らせようというより雪が降って来た！　と話し合いたかったのである。本当に雪が降ったなあ！　と、せめて一言だけ云いたかったのである。辰平はましらのように禁断の山道を登って行った。
> （…）お山まいりの誓いを破って後をふり向いたばかりでなく、こんなところまで引き返してしまい、物を云ってはならない誓いまで破ろうとするのである。罪悪を犯しているのと同じことである。だが「きっと雪が降るぞ」と云った通りに雪が降ってきたのだ。これだけは一言でいいから云いたかった。
>
> （同書、98-99頁）

辰平は思わず、山の掟を破るという愚行を為しました。

そもそもなぜそのような掟が存在しているのか？　それは姥捨という悲惨な行為が、子の「自由意志」によるものではない、と見なすためでしょう。これはあくまで村の決まりなのだ、いいとか悪いとか、誰に個人的な責任があるだとかを問えるものではないのだという、過酷な状況下での、せめてもの方便なのでしょう。だからそれは、村人たちを支配し、縛り付けるものではなく、むしろ、肉親を山へ連れて行ってしまったという自責の念を負うことなく、それを村の掟、山の誓いというシステムに肩代わりしてもらうことができる仕組みだったと言えるでしょう。まさに、たとえ子が親を山へ連れて行ったとしても、それは「山の掟に従っただけ、そして従うしかなかったことになる」という物語がここにはあるのです。

ただ規則に従っただけだ。

心からそう思い込める者は傷を負わずにすむ。

しかし、母を想う、やさしい辰平にはそれができなかった。

辰平は、母の言葉通り、雪が降ってきたのを見て、下りてきた山道を振り返り、走り出した。

そう、たった一言、「おっかあ、雪が降ってきたよう」と伝えるためだけに。ただそれだけのために。

辰平は、「共同体の道徳」すなわち掟よりも「自身の心」に従った。その姿が僕らの胸を打つ。思考も計算も無効となり、思わず、思いがけず、振り返り、走り出した。

ただ、母に、たった一言を発するためだけに。

何になるわけでもない。

おりんを連れ戻すことは村が許さないし、何よりもおりん自身が望まない。何になるわけでもなく、にもかかわらず辰平は母の元へと走る。

彼は道徳ではなく倫理に思いがけず従ってしまった。だからひとはそれを愚行と見る。利他は愚行でなければならない。そうでなければ、道徳になってしまう。利他が消えてしまう。

なぜ、この楢山節考が利他の物語と言えるのか？　一体、辰平は誰を救ったのか？

それはおりんではない。おりんはそもそも辰平が戻ってくることを望んでいない。

では一体、誰に向けられた利他なのか？

それは、未来の自分、未来を生きている辰平自身です。振り返らず、掟通りに山を降り、おりんに最期の別れをしなかったことになるであろう未来の自分の傷をケアしたと言えないでしょうか。この時点において、では「自分の大切にしているもの」とは何かというと、それは掟すなわち現行の言語ゲームに従おうとしている自分自身です。ある言語ゲームの中にいる、現在の自分よりも、傷を負うことになる未来の自分という他者のために、規則を破るという愚行を為す。

セルフケアとは、未来の自分という他者を救うことである。

楢山節考は、辰平のセルフケアの物語だったのです。

これ以上、自分を責め、傷つけないために、彼は掟に逆らい、母の元へと駆けだした。なぜなら彼はもうすでに、十分に心を痛めていたから。

自分の大切にしているものを大切にできなかったとき、人は傷つく。

辰平は、母という自分の大切なものと出会い直すために、走り出す。

最期の別れの後で、別れをもう一度やり直すために。つながりを結び直すために。

出会い直し、生き直す。

これがセルフケアだったのです。

僕らはそれを自由と呼ぶ

僕らは傷ついたとき、自分の大切にしているものが何だったのか詳らかに知る。

遠藤周作『沈黙』のロドリゴも、他者（未来の私）を救うために愚行を為しました。ただ、その愚行とは社会通念、共同体の規範つまり道徳に照らした場合に愚かであるとされるもののことです。

他者の大切にしているものを共に大切にするためには、愚行を為さなければならない場面において、ケアは利他に変わる。それゆえ、利他においては「規範の跳躍」が起こる。僕らは有形無形の、さまざまな「〜すべき／〜すべきではない」に取り囲まれています。

それを不自由と呼ぶならば、利他は他者に導かれて、自由へと至るプロセスの別名となります。僕らは独りで規範の外へ出てしまう愚行をすることはできません。

それは勇気が要ることなのに、しかし得るものはないからです。普通はそんなことはしない。しかし、他者の傷に触れ、それをケアするためであれば、愚行を為せる。

愚行が「美談という称揚と顕彰」に変わるとき、利他が道徳へと堕ちるのです。愚行は真似すべきでない愚行であり続けなければなりません。そして、それゆえに、利他はシステム化も、マニュアル化もできない。それは常にシステム内のバグであり、影としてある。というよりも、バグとしてしか、影としてしか存在することができない。

利他とはシステムのバグである。そして、バグであるからこそ、私の言語ゲームを変えてしまうことができる。僕らはそれを自由と呼ぶ。言語ゲームから異なる言語ゲームへと飛び移るその瞬間、僕らは自由を回復する。

他者の傷に導かれて僕たちはケアを為す。そしてそのケアの中で、思いがけず自分が変わってしまう。利他が起こり、自己変容に至る。それが僕らに「生きている心地」「自分の人生を生きている実感」を与えてくれる。なぜなら、そのとき僕らは誰かに支配されることも、管理されることもなく、自由になっているからです。「これこそが私の劇だったのだ」という感覚が僕らに生きているという心地を与えてくれるのです。

終章

新しい劇の始まりを待つ、祈る

間違いが間違いじゃなかったことになる

「注文をまちがえる料理店」というプロジェクトを聞いたことはあるでしょうか。注文の多い料理店、ではなく、注文をまちがえる料理店です。どういうプロジェクトかというと、オーダーを取り、料理を配膳するホールスタッフが全員、認知症の状態にある方々なのです。ですので、ときに、注文と違った料理が運ばれてくることがあります。「注文をまちがえる料理店」のコンセプトは、「まちがえちゃったけど、まあ、いいか」だといいます。この企画を作った小国士朗さんは、元NHKディレクターであり、番組「プロフェッショナル 仕事の流儀」制作の中での取材がそのきっかけだったといいます。

認知症介護の専門家である和田行男さんを取材したときのこと。和田さんの施設では、認知症の方々であっても、自分でできることは自分でするというルールがありました。料理をしたり、掃除や洗濯、街への買い物なども自分で行い、福祉の専門職の人たちがそれをそっと支える。和田さんは「自分の意思を行動に移せることこそが人間の素晴らしさやから、その素晴らしさを奪ったらあかん」とおっしゃっていたそうです（小国士朗『笑える革命』114頁）。グループホームから少し離れた市場までみんなで買い物に出かけたりといった様子を見て、認知症の方々があまりにも街に溶け込んでいることに驚いたといいます。

そんな中、ある出来事が起こります。

ロケの合間に、入居者の方々が作る料理をごちそうになることがしばしばあったのですが、その日事前に聞いていたメニューはハンバーグでした。しかし、出てきたのは餃子。ひき肉であることしか合っていない。小国さんは思わず「これ、間違いですよね？」と言いそうになったが、そのときハッとして、その言葉を飲み込みました。


「これ、間違いですよね？」というその一言によって、和田さんたちが認知症の状態にある人たちと一緒に築き上げてきた「当たり前の風景」を、全部ぶち壊してしまうような気がしたのです。

「こうしなくちゃいけない」「こうあるべき」。そういった考え方が、どれだけ介護の現場を窮屈で息苦しいものにしてきたか。

（小国士朗『笑える革命』115頁）


そして、その餃子を美味しそうに食べている入居者の方たちを見て、気づいたといいます。

間違いって、その場にいる人が受け入れてしまえば、間違いじゃなくなるんだ。

（…）

それまで僕は、間違いとは、指摘して正すのが当たり前だと思っていました。でも、そうじゃない。その場にいる全員が間違いを受け入れてしまえば、間違いというものはなくなるんだ。こんな間違いの消し方があるなんて――。

（同書、115‐116頁、強調引用者）

間違いが間違いじゃなかったことになる。

ハンバーグと言われていたが、なぜか餃子が出てきた。劇を間違えている。予定では、このシーンでは餃子ではなく、ハンバーグが出てくることになっていた。しかし、皆がそれを当然のものとして食べる。すると、劇は劇として再び動き出す。言語ゲームの中で、訂正を促したり、注意をしたりするのではなく、初めから「そうだった」ものとして、ゲームが続く。

村上春樹『ダンス・ダンス・ダンス』にあった、「踊るんだよ」という言葉はこういったものを指していると考えることはできないでしょうか。「間違い」というのは、言語ゲームを止めてしまうもののことでした。「何もかもが間違っているように感じられるんだ。だから足が停まってしまう」

　たとえそこに間違いがあったとしても、劇を止めないこと。言語ゲームからその人を疎外しないこと。小国さんがいう通り、「こうしなくちゃいけない」や「こうあるべき」という規範性を書き換えてしまうこと。

　これがケアの風景、利他の風景だと思うのです。

　規範の書き換え。なぜそんなことをするのか？

　それは、その人の大切にしているものを共に大切にするためです。

「あなたは間違っていない」と語るだけで終わらせるのではなく、「間違っていない」ことを示すために、言語ゲームを、つまり劇を続ければよかったのです。それは、これまで本書に登場してきた例にも含まれている共通の構造です。『ONE PIECE』のガイモン、人形からの手紙を代筆したフランツ・カフカ、映画『THE 有頂天ホテル』の「取り皿」という間違い。そこにいたケアする人たちは、目の前の他者の勘違いや失敗や喪失を、劇を止めるものではなくすために、それぞれの形で新しい劇を即興で始めた。それによって、そこにあった間違いが間違いでなくなった。

　そう考えると、「間違い」というものがこの構造から逆向きに規定できます。

　僕らは、間違いがあるから言語ゲームが停止すると思っていますが、そうではなく、逆に、言語ゲームを止めてしまう振る舞い一般を僕らは「間違い」と呼んでいるのです。だとしたら、劇を続けてしまえばいい。そうすれば、間違いは間違いでなくなる。「間違いの消し方」あるいは「間違いに対するフォロー」とは、ゲームを続けることそのものだった、といえます。

小国さんの言葉の中にあった、「間違いとは、指摘して正すのが当たり前」というのは、確かに僕らの採用している通常の規範でしょう。だから、その規範の下では、間違いを受け入れるというのは、愚行になります。ですが、それが愚行となるのは、その劇の外部にいる者たちの目線からでしかありません。もうすでに、劇は新しい劇へと変貌している。そこではかつて愚行とされていたものが、もはや愚行ではなくなっている。

そして、そのようなケアの原風景、利他の原風景を見た小国さんは、次のようなモチーフが頭の中に広がったそうです。

僕は「注文をまちがえる料理店」という看板が掲げられた、おしゃれなお店に行く。「いらっしゃいませ」と、かわいいエプロンをつけたおばあさんが出迎えてくれて、「何になさいますか?」と聞かれるので、「ハンバーグ」と注文をする。

「お待たせしました〜」と料理が運ばれてくるが、なぜか僕の目の前には餃子。でも、お店の名前が「注文をまちがえる料理店」となっているから、僕は怒らない。むしろ、間違われてうれしくなっちゃうかもしれない。餃子を食べながらふふっと笑っているかもしれない——。

（同書、116・117頁）

このようにして、「注文をまちがえる料理店」プロジェクトはスタートしたのでした。

新しい言語ゲームを作る

さて、先の和田さんの「自分の意思を行動に移せることこそが人間の素晴らしさやから、その素晴らしさを奪ったらあかん」という言葉を改めて考えてみたいと思います。自分の意思を行動に移せること——。

これはもちろん、認知症の方々へのアプローチについての言葉ですが、果たして認知症でない僕ら自身もできているのでしょうか？

親に対する子としての振る舞い、学校や受験というシステム、就活におけるエントリーシートと面接の応答。恋愛における「女らしさ」「男らしさ」。あるいは、社会人として、親としてのあるべき姿。ありとあらゆる場面に潜む「こうあるべき」「こうあるのが普通」という規範性。

そして「いい歳してそんなことも知らないの？」であったり、「なんでそんなこともできないの？」という言葉と眼差しに怯える。僕らは多かれ少なかれ『楢山節考』のおりんと同じ不安と悩みを抱えているのです。それがおりんの場合、「歯がきれいに生え揃っていること」という、僕らの日常とは異なる悩みだっただけで、みんなが参加している言語ゲームにきちんと乗れないと、バカにされ、恥をかかされるという構造は同じです。劇から排除されること、すなわち疎外されることを恐れるサピエンス。

そして、僕らは「どうして私は、みんなみたいに、もっとうまくできないのか」という悩みに至る。

現代では要求される言語ゲーム、舞台に上がり続けなければならない劇がどんどん複雑になっていっているように思えます。

この、現代という言語ゲーム、社会という劇にうまく乗れない人はどうすればいいのか？

第1章で見たとおり、この文明はサピエンスという種にとって、動物として元々備わった形質に由来するものではありません。環境に適応するために身体を変化させるのではなく、制度とテクノロジーによって環境の側を変えてしまう、というものでした。

だとするならば、現代の様々な言語ゲーム、劇は天与のものではありません。少しずつだとしても、この社会という大きな言語ゲーム自体を変えることもできるはずです。劇を別の劇に変えるというのは、この劇から降りることも含まれています。ですが、ある言語ゲームから降りたとしても、また別の言語ゲームが始まってしまいます。

だからこそ、小国さん、和田さんたちは新しい劇を作り出した。ある特定の劇からは降りることができるが、あらゆる劇から降りることはできない。だとすれば、新しい言語ゲーム、新しい劇を作ってしまえばいい。

どんな言語ゲームなら、僕らは心地よいのか?

どんな劇なら、「これからもずっと続けたい」と感じ、「私でも踊り続けられる」と思えるのか?

たとえ、今あなたの前で展開されている言語ゲームが過酷なものであっても、自分が置かれている劇がつらいものだとしても、それは単なるゲーム、ただの劇にすぎない。

新しい劇の始まりを待つことはできるはずです。

だって、今いろいろな場所で、「劇を変えようとしている人たち」がいるのだから。

もうすぐ、新しい劇が始まる——。

そして、そんな新しい劇はやがて、きっとあなたの大切なものとなる。大切な居場所になる。

新しい劇の到来を信じ、それがあなたのもとに、私のもとに訪れるのを待つことを「祈り」と呼ぶのではないでしょうか。

新しい劇が始まりますように――。


「今」が永遠に続くことはありません。現在僕らが引き受けなければならないことになっている、さまざまな劇がこれからもずっと続いていくとは限りません。

松任谷由実が歌っているように、「傷ついた日々は彼に出逢うための　そうよ　運命が用意してくれた　大切なレッスン」だったことになる可能性だってあるのです。

そう思っていいくらいには、人間という種と、この世界は美しいはずです。少なくとも僕はそう信じています。

劇にうまく乗れない人のための劇。生産性、有用性に回収されない劇。

それをこの社会のさまざまな場所に、いろいろな形で作っていくことが、現代を生きる僕らに必要なケアなのです。

誰かのために、私のために――。

誰かを救うために、私を救うために――。

あとがき

本書が僕の2冊目の本になりました。

「与える」について論じた本になりました。

1冊目の『世界は贈与でできている』は「受け取るとはどういうことか」を論じた本です。なので、本書は『世界は贈与でできている』の続編とも言えます（もちろん、本書単独でも読めます）。受け取る／与えるという、コミュニケーションにおける二つのモードについて僕の中では一旦、理論化ができました。理論化というのが大げさ、というか理論化と呼ぶには未熟な議論だというならば、「大枠」は見えたとは言えるように思います。なので、ここから先は贈与（受け取る）／利他・ケア（与える）という二つの軸を持つ「総論」から、具体的な事象に関する考察、すなわち「各論」をいろいろと考えてみたいと思っています。

本書で触れられなかった点、あるいは今後敷衍できそうな論点について、一つだけ。「他者」という語について。

本書のケア論、利他論は基本的に、ある固有名を持った一人の人間（＝あなた）を想定していますが、ケアそして利他の宛先である「他者」は、「人々」であることも可能だと思います。一人の個人だけでなく、組織、共同体をケアする。その人たちの大切にしているものを、ともに大切にしようとする中で、私に自己変容が起こり、利他になる。

社会的あるいは国際的な支援や援助が、こちら側の理念の押し付けにならないためには、その他者（たち）の「大切にしているもの」を把握することが必要です。そして、その大切にしているものは、僕らのそれとは異なっている。文化や歴史が違う、というのはそういうことです。大切にしているもの（そしてその裏返しとしての傷）の総体が文化であり歴史なのです。大切にしているものが違っているから、劇が異なる。劇が異なるからその他者の振る舞いがよく理解できなかったり、時には不合理に見えてしまう。「私の劇」とは異なる劇の可能性。それを予感することが利他への一歩なのだと思います。

他者は一人の人間である必要はないかもしれないと言いましたが、さらに言えば、人ですらなくてもケアと利他は可能だと思います。

例えば山や河川や土壌、海といった自然をケアすること。

自然がケアの対象の場合、自然が大切にしているものとは一体なんでしょうか？　もちろん、自然相手では、彼らは言葉では説明してくれません。

自然に対するケアとは、その自然がなりたがっているかたちになるように応答することです。山や土壌の環境、水や大気の流れの「なりたがっているかたち」とはすなわち「安定的なかたち」のことです。安定的、持続的、循環的。およそ化学的な反応というのは、すべて不安定な状態から安定的な状態への遷移として起こります。放っておくとそのような状態になる、というのが安定的な状態のことなのです。化学物質が爆発するのも、不安定から安定に至る際のエネルギーの放出です。

その意味では僕らも自然も同じです。

だって、僕らの精神は、安定や持続が困難なときにケアを必要としているからです。そして他者との相補的なコミュニケーション（＝コミュニケーションの循環）に支障をきたすときに辛く不安な気持ちになるからです（「怒りが爆発する」という言語表現がありますが、これも安定性への道のひとつでしょう）。

あなたという一人の人間だけでなく、あなたたちという三人称複数も、そして人間でない自然に対してもケアすることができる。そんなケアの混ざり合いのなかで、私自身、私たち自身が変わってゆく。そんな議論も可能ではないでしょうか。

もう少し勉強してからこういったものを論じてみたいと思っています。

最後に、本書は前著の続編でもあると言いましたが、僕の構想としては実は3部作です。

受け取る、与える、手放す。もしくは、受け取る、与える、諦める。

3つ目の「諦める」については、いつになるかは分かりませんが、いつか書いてみたいと思っています。そして、今あとがきを書きながらふと思ったのは、手放すというのは「赦す」ということかもしれません。

受け取り、与え、そして赦す。

僕らはそうやって救われていくのではないでしょうか。

そのような生き方が、僕らに生きている（あるいは生きてきた）という実感を与えてくれるはずです。


今日はここまで。続きはまたどこかで。

2024年2月

近内悠太

＊本書のいくつかの論点や議論、事例は、東京工業大学未来の人類研究センターのオンラインジャーナル「COMMONS」Vol.1に掲載された論文「はじめに道徳を身につけ、そして、倫理を生きる」を元にしています。
(https://www.fhrc.ila.titech.ac.jp/online_journal/commons-vol-1/)

【参考文献】

まえがき

尾田栄一郎『ONE PIECE　3巻』、集英社、1998年

第1章

アンデシュ・ハンセン『スマホ脳』、久山葉子訳、新潮新書、2020年
アラン・S・ミラー、サトシ・ナカザワ『進化心理学から考えるホモサピエンス――一万年変化しない価値観』、伊藤和子訳、パンローリング、2019年
クリストファー・ボーム『モラルの起源――道徳、良心、利他行動はどのように進化したのか』、斉藤隆央訳、白揚社、2014年
池谷裕二『自分では気づかない、ココロの盲点　完全版』、講談社ブルーバックス、2016年
エドワード・O・ウィルソン『人類はどこから来て、どこへ行くのか』、斉藤隆央訳、化学同人、2013年
長谷川寿一、長谷川眞理子、大槻久『進化と人間行動　第2版』、東京大学出版会、2022年
リチャード・ランガム『火の賜物――ヒトは料理で進化した』、依田卓巳訳、NTT出版、2010年
チャールズ・ダーウィン『人間の由来（上・下）』、長谷川眞理子訳、講談社学術文庫、2016年

チャールズ・ダーウィン『人及び動物の表情について』、浜中浜太郎訳、岩波文庫、1991年
アラン『定義集』、神谷幹夫訳、岩波文庫、2003年

第2章

宇沢弘文『自動車の社会的費用』、岩波新書、1974年
永井玲衣『水中の哲学者たち』、晶文社、2021年
池田晶子『言葉を生きる――考えるってどういうこと?』、ちくまQブックス、2022年
河合隼雄、茂木健一郎『こころと脳の対話』、新潮文庫、2011年
古田徹也『それは私がしたことなのか――行為の哲学入門』、新曜社、2013年
遠藤周作『沈黙』、新潮文庫、1981年
伊藤亜紗編『「利他」とは何か』、集英社新書、2021年

第3章

山岸俊男『安心社会から信頼社会へ――日本型システムの行方』、中公新書、1999年
村上春樹『雑文集』、新潮社、2011年
河合隼雄『ユング心理学入門』、培風館、1967年

第4章

サン＝テグジュペリ『星の王子さま』、河野万里子訳、新潮文庫、２００６年
ルートヴィヒ・ウィトゲンシュタイン『哲学的考察　ウィトゲンシュタイン全集２』、奥雅博訳、大修館書店、１９７８年
ルートウィヒ・ウィトゲンシュタイン『哲学探究』、鬼界彰夫訳、講談社、２０２０年
ルートウィヒ・ウィトゲンシュタイン『青色本』、大森荘蔵訳、ちくま学芸文庫、２０１０年
ルートウィヒ・ウィトゲンシュタイン『ラスト・ライティングス』、古田徹也訳、講談社、２０１６年
田中茂樹『去られるためにそこにいる――子育てに悩む親との心理臨床』、日本評論社、２０２０年

第5章

ルートヴィヒ・ウィトゲンシュタイン『確実性の問題・断片　ウィトゲンシュタイン全集９』、黒田亘・菅豊彦訳、大修館書店、１９７５年
ダニエル・タメット『ぼくには数字が風景に見える』、古屋美登里訳、講談社、２００７年

第6章

坂本直文『２０２４年度版　イッキに内定！面接＆エントリーシート［一問一答］』、高橋書店、２０２１年

村上春樹『ダンス・ダンス・ダンス（上・下）』、講談社文庫、2004年
ハンス＝ゲルト・コッホ『回想のなかのカフカ――三十七人の証言』、吉田仙太郎訳、平凡社、1999年

第7章

村中直人『〈叱る依存〉がとまらない』、紀伊國屋書店、2022年
松井優征『暗殺教室　1、3巻』、集英社、2013年
アーサー・C・ダント『物語としての歴史――歴史の分析哲学』、河本英夫訳、国文社、1989年
スラヴォイ・ジジェク『事件！――哲学とは何か』、鈴木晶訳、河出書房新社、2015年
アンリ・ベルクソン『思考と動き』、原章二訳、平凡社ライブラリー、2020年

第8章

寺田寅彦『天災と国防』、講談社学術文庫、2011年
小松左京『こちらニッポン…』、ハルキ文庫、1998年
吾峠呼世晴『鬼滅の刃　3巻』、集英社、2016年
モートン・マイヤーズ『セレンディピティと近代医学』、小林力訳、中公文庫、2015年
松本卓也『心の病気ってなんだろう？　中学生の質問箱』、平凡社、2019年
深沢七郎『楢山節考』、新潮文庫、1964年

終章

小国士朗『笑える革命——笑えない「社会課題」の見え方が、ぐるりと変わるプロジェクト全解説』、光文社、2022年

著者について

近内悠太（ちかうち・ゆうた）
教育者、哲学研究者。統合型学習塾「知窓学舎」講師。著書『世界は贈与でできている』（NewsPicksパブリッシング）で第29回山本七平賞・奨励賞を受賞。
近内悠太WEBサイト　https://www.chikauchi.jp

犀の教室
Liberal Arts Lab

利他《りた》・ケア・傷《きず》の倫理学《りんりがく》
――「私」を生き直すための哲学

2024年3月30日　初版
2024年5月25日　3刷

著者　近内悠太

発行者　株式会社晶文社
東京都千代田区神田神保町1-11 〒101-0051
電　話　03-3518-4940（代表）・4942（編集）
URL　https://www.shobunsha.co.jp

印刷・製本　ベクトル印刷株式会社

ISBN978-4-7949-7414-3 Printed in Japan

生きるための教養を犀の歩みで届けます。
越境する知の成果を伝える
あたらしい教養の実験室「犀の教室」

撤退学宣言　堀田新五郎

市場原理主義、地球温暖化、経済格差の拡大、出口の見えない戦争……多くの矛盾や暴力を生みつつも、疾走を続ける近代システム（民主主義＋資本主義＋テクノロジーの三位一体）。その先に待ち受けるカタストロフィーを回避するための、撤退する知性の必要を説くマニフェスト。壮大な哲学的思索と問題提起の書。

撤退論　内田樹 編

持続可能な未来のために、資本主義から、市場原理から、地球環境破壊から、都市一極集中から、撤退する時が来た！　人口の減少があり、国力が衰微し国民資源が目減りする現在、人々がそれなりに豊かで幸福に暮らすために、どういう制度を設計すべきか、撤退する日本はどうあるべきかを、衆知を集めて論じるアンソロジー。

マルクスの名言力　田上孝一

マルクスの著作からは数々の名言が生まれている。だが、はたしてその真意は正しく読み取られているか？ マルクスの意図はどこにあったのか？ 膨大なマルクスの文章の中から、彼の思想的核心を示す言葉 20 節を切り取り、その意味するところを深掘りして解説。マルクスの言葉の力を体感できる、結論から読む最速のマルクス入門。

教室を生きのびる政治学　岡田憲治

国会でも会社でも商店街の会合でも、そして学校でも、人間の行動には同じ力学＝「政治」が働いている。いまわたしたちに必要なのは、半径5メートルの安全保障［安心して暮らすこと］だ！　心をザワつかせる不平等、友だち関係のうっとうしさ、孤立したくない不安……教室で起きるゴタゴタを政治学の知恵で乗り切るテキスト！

21 世紀の道徳　ベンジャミン・クリッツァー

規範についてはリベラルに考え、個人としては保守的に生きよ。進化心理学など最新の学問の知見と、古典的な思想家たちの議論をミックスした、未来志向とアナクロニズムが併存したあたらしい道徳論。「学問の意義」「功利主義」「ジェンダー論」「幸福論」の 4 つの分野で構成する、進化論を軸にしたこれからの倫理学。

ふだんづかいの倫理学　平尾昌宏

社会も、経済も、政治も、科学も、倫理なしには成り立たない。倫理がなければ、生きることすら難しい。人生の局面で判断を間違わないために、正義と、愛と、自由の原理を押さえ、自分なりの生き方の原則を作る！　道徳的混乱に満ちた現代で、人生を炎上させずにエンジョイする、〈使える〉倫理学入門。